总顾问　安作璋

总主编　王兆成　刘秋增

副总主编　金明善　刘娟

齐鲁诸子名家志·贾思勰志

齐鲁诸子名家志

贾思勰志

山东人民出版社

济南市泉城广场贾思勰塑像

贾思勰
JIA SIXIE
agronomist active around 540 A.
D.Works include Important Art for the People's
Welfare

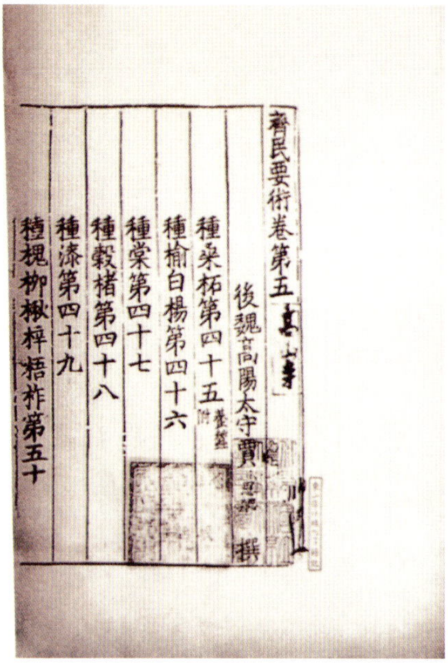
齊民要術卷第五
後魏高陽太守賈思勰撰
種桑柘第四十五 養蠶附
種榆白楊第四十六
種棠第四十七
種穀楮第四十八
種漆第四十九
種槐柳楸梓梧柞第五十

北宋崇文院刻《齐民要术》残本

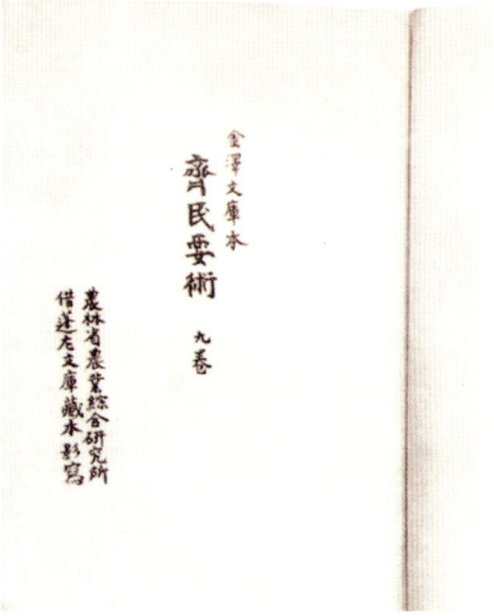

日本金泽文库抄本影印本

四部丛刊影印本

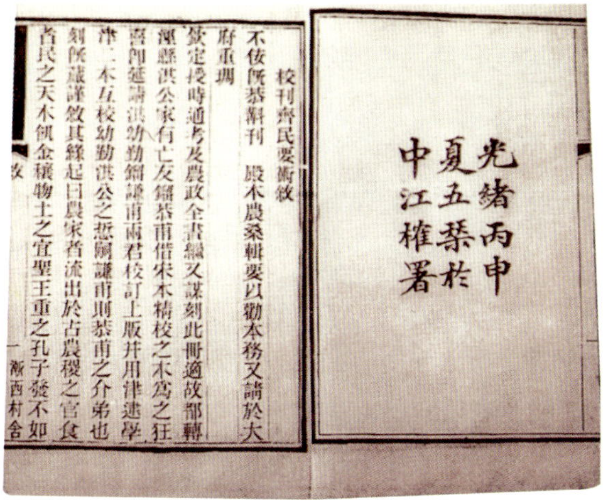

渐西村舍本

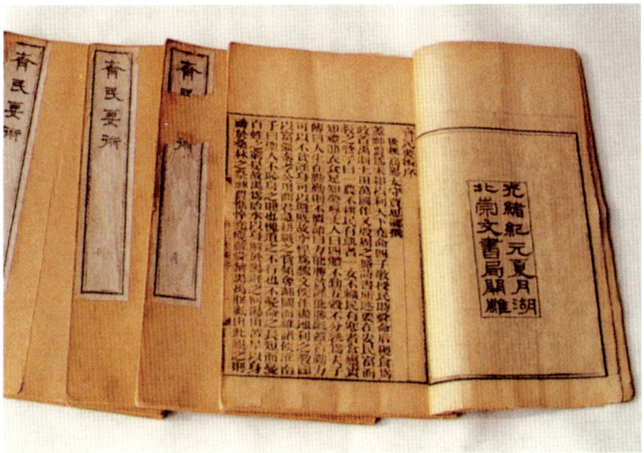

湖北崇文书局本

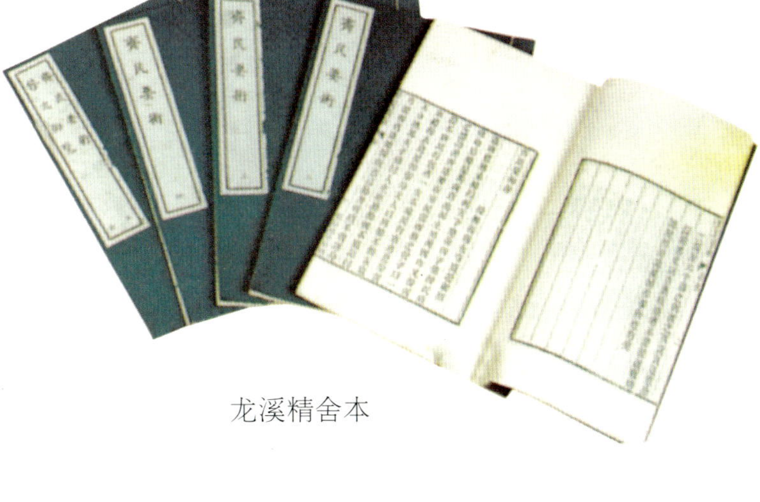

龙溪精舍本

英文版《齐民要术》

英国李约瑟及其《齐民要术》译文初稿

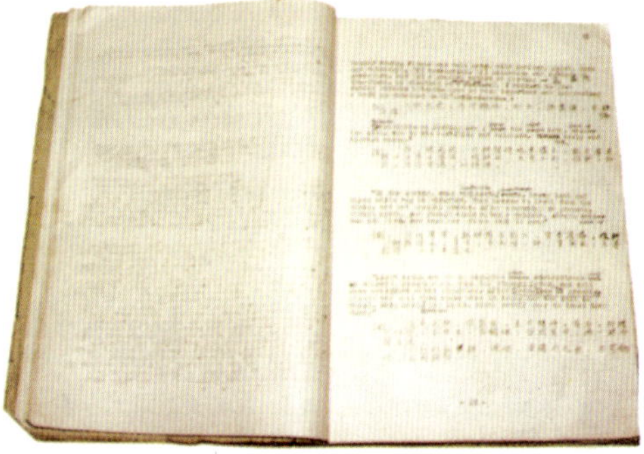

李约瑟与石声汉合译本

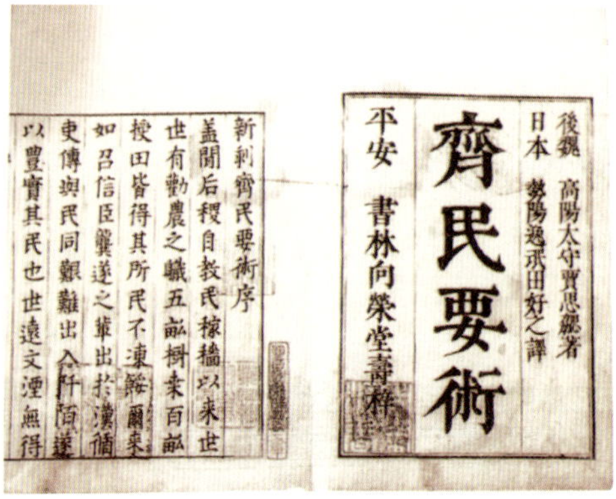

日本宽保四年（1744）译本

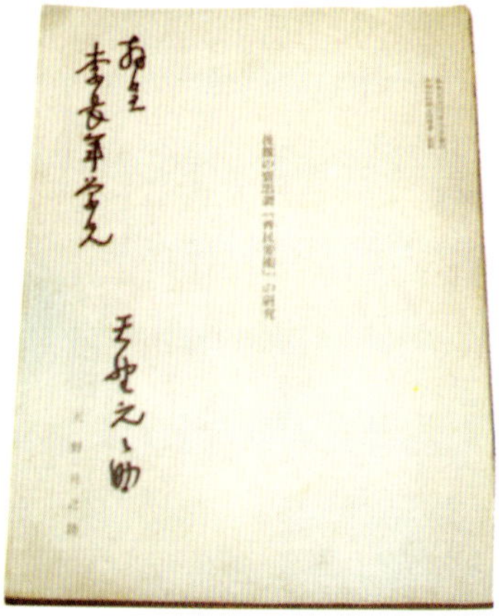

日本天野元之助研究专著

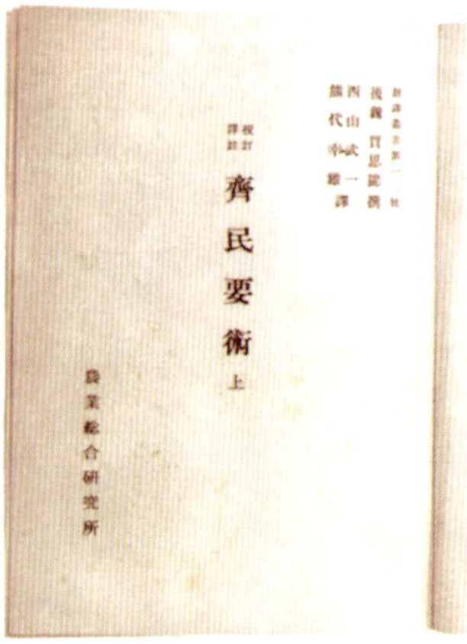

日本西山武一、熊代幸雄译本

贾思勰纪念邮票

贾思伯墓志铭

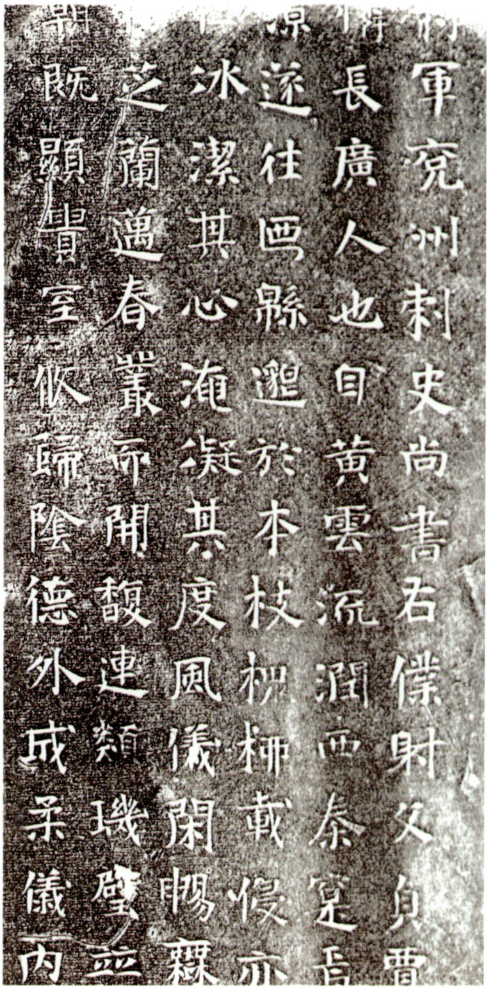

贾思伯夫人墓志铭

挖掘后的贾思同、贾思伯墓地（位于寿光市李二村东）

齐鲁诸子名家志

总 序

齐鲁，山东古国名，世称山东为齐鲁文明礼仪之邦，历史悠久，文化灿烂，名人名家辈出，他们在政治、经济、军事、思想、文化等多个领域都作出了重大贡献，其思想、言行和业绩对中国乃至世界都产生了广泛而深远的影响，已成为全人类共同的精神财富。

山东人民出版社出版的《齐鲁诸子名家志》丛书，共20卷，收集了山东历史上28位最杰出的代表人物的生平、业绩、影响和后人的研究状况。这套丛书的出版，将进一步推动对齐鲁文化的研究，更加全面地继承和弘扬中国优秀传统文化，为社会主义和谐社会建设服务。同时，也有利于人们更加全面地了解和深入认识山东的历史和文化，激励人们热爱山东，建设山东，进一步扩大山东在国内及海外的影响。

《齐鲁诸子名家志》所收录的人物均为中国历史上著名的思想家、政治家、军事家、科学家、发明家、文学家和艺术家。他们是：姜尚、管仲、晏婴、司马穰苴、孔子、曾参、孙武、吴起、墨子、孟子、孙膑、扁鹊、徐福、淳于意(仓公)、郑玄、诸葛亮、王叔和、王羲之、王献之、刘勰、贾思勰、颜真卿、李清照、辛弃疾、戚继光、王士禛、蒲松龄、孔尚任。

姜尚，字子牙，世称姜太公，曾辅佐周武王灭商，因大功封于齐，为齐国开创者。他在齐国除继承周的“重农”传统外，又“通商工之业，便渔盐之利”，“尊贤而尚功”，于是“人民多归齐，齐为大国”，奠定了日后齐国东方霸主的地位。

管仲，春秋时期著名政治家，齐国相。他在齐国执政40余年，审时度势、因地制宜，改革政治、经济、军事制度，收到富国强兵的效果。在他辅佐下，齐桓公首建霸业。

晏婴，春秋时期著名政治家、思想家。他在齐国参政50余年，以节俭力行名重于齐。他能礼贤下士，改良政治，省刑薄敛；并且能言善辩，巧于辞令，出使楚国不辱使命。他提出重人事而远鬼神、和而不同的对立统一思想，继承发展了古代朴素的唯物辩证法。

司马穰苴，春秋时期著名军事家，齐国大夫。他的《司马穰苴兵法》以“仁、义、礼、让”为本，论述了军事制度和作战指挥的经验，是我国早期著名兵法之一。

孔子，春秋时期伟大的思想家、教育家，儒家学派的创始人，后世尊为“至圣”。他继承了中国古代优秀的思想文化传统，建立了一个“以仁为中心内容、以礼为表现形式、以中庸为思想方法、以大同为远大理想”的思想体系。他的思想不仅支配了封建时代的中国，而且也给予东亚乃至全世界以重大影响，其中某些思想在今天仍有其积极的现实意义。《论语》一书是现存的研究孔子思想学说的主要依据。

曾参，孔子弟子。他倡导“忠恕”、“孝道”，注重自身修养，一生不懈地实践孔子学说，著有《孝经》和《大学》，是孔子思想的重要继承者之一，被后人尊为“宗圣”。

孙武，春秋时期伟大的军事家，后人尊为“兵圣”。所著《孙子兵法》是我国最早最杰出的兵书，后人称为“兵学圣典”。书中对战略战术、军队指挥与作战、战争规律和战争观都提出了精辟见解，闪耀着哲理和智慧的光辉。不仅在世界军事史上享有崇高的地位，而且在其他领域也受到重视并得到推广与应用。

吴起，战国时期著名军事家。他曾在楚国实行变法，“明法审令”、“废公族疏远者”、“捐不急之官”，堵塞私门请托，加强军队建设，使楚国富强。著有《吴子》兵法，是战国时期兵家学派代表作之一。

墨子，战国时期著名思想家、科学家，墨家学派创始人。他以“兴天下之利，除天下之害”为己任，主张兼相爱、交相利，强调非攻，反对战争；强调节俭，反对奢侈；主张尚贤、尚同，反对贵族世袭制，要求提高劳动者地位。其学说在当时思想界影响很大，与儒家并称“显学”。此外，他在自然科学如数学、力学、几何学、光学以及工艺学等方面，也都有很高的成就，后人称为“科圣”。

孟子，战国时期著名思想家、教育家，儒家学派代表人物之一。他将孔子的“仁”发展为仁政，强调“民为贵，社稷次之，君为轻”。他从性善论出发，为仁政学说提供论证。他将儒学理论发展为一个完整的体系，是孔子学说的继承人，对后世有很大影响，被尊为“亚圣”。

孙膑，战国时期杰出的军事家，兵家代表人物之一。他在齐魏战争中指挥齐军取得著名的桂陵之战与马陵之战的胜利。他的《孙膑兵法》继承发展了孙武的军事思想，重视战争客观规律，主张“内得民心，外知敌情”，强调战法创新，出奇制胜，赏罚分明，是古代军事学说的重要著作。

扁鹊，战国时期著名医学家。他精通各种医学，反对以巫术治病，采用望、闻、问、切四诊方法诊断疾病，并用针灸、汤药、按摩等方法治病，2000多年来一直为中医传统的治疗方法。所著有《扁鹊内经》、《扁鹊外经》，是中国早期医学名篇。

徐福，秦代齐方士，是中日韩早期友好交流的先驱者。他率领数千童男女、百工等以为秦始皇求仙名义东渡海外，足迹遍及朝鲜半岛与日本列岛，把先进的中国传统文化和生产技术传入东邻，为朝鲜半岛和日本列岛社会进步作出了重要贡献。

淳于意，西汉著名医学家，曾任齐太仓令，故又称仓公。他能辨证审脉，治病灵验。《史记》载其25例治病医案，称为“诊籍”，是我国现存最早的病史记录。

郑玄，东汉著名经学家。他数十年潜心研究经学，成为古文经学派集大成者。他遍注群经，杂糅今古文经学，自成一家，号称“郑学”，对后世经学影响极大。

诸葛亮，三国时期杰出的政治家、军事家。他协助刘备，建立了蜀汉政权，与曹操、孙权形成三国鼎立局面。他在执政期间，实行法治，赏罚分明，抑制豪强，任人唯贤。对西南各族安抚和好，促进边疆开发。他善计谋、通兵法、多巧思，被后人推崇为智慧与谋略的化身。

王叔和，魏晋时期著名医学家，所著《脉经》是我国历史上第一部系统的脉学著作，从理论上分析了生理、病理变化和疾病的关系，便利了临床治疗，其“寸关尺三部切脉法”，至今仍被中医广泛使用。

王羲之，东晋著名书法家，他的书法博采众长，自成一体，草、隶、正、行皆精，尤擅长正书、行书，其书法“飘若浮云，矫若惊龙”，“为古今之冠”，有“书圣”之称，其代表作有《兰亭序》、《丧乱帖》等。

王献之，东晋著名书法家，王羲之之子。他的书法汇集各派之长，尤擅行草，与其父共称“二王”。其代表作有《洛神赋十三行》、《鸭头丸帖》等。

刘勰，南朝齐梁时著名文艺理论批评家。他撰写的《文心雕龙》是我国历史上第一部文学评论巨著，对有史以来各种体裁文章与作家进行了分析研究，阐述了文学创作的规律和文学批评的标准，对后来的文学评论有重大影响。

贾思勰，北魏著名农业科学家。他的农学名著《齐民要术》系统总结前人农业生产和农学成就，如栽培耕作、畜牧兽医、食品加工等，是我国现存最早的一部完整农书，对后世农学有很大影响。

颜真卿，唐代书法家。他在平定安史之乱中立有大功，被封为鲁郡公。他的书法端庄雄伟，气势恢宏，开创了我国古代书法新风格，人称“颜体”，有多种墨迹、碑文流传，对后世有很大影响。

李清照，南宋著名文学家、词人。她的词作语言清丽，重视音律典雅，前期多写闲情逸致，风光景物，后期感叹身世，怀念故国，为婉约派代表，有《漱玉集》。

辛弃疾，南宋著名爱国词人。一生以抗金收复失地为志，并积极投入抗金斗争。他的词豪情奔放、壮怀激烈，为豪放派代表，著有《稼轩长短句》。

戚继光，明代著名军事家，抗倭民族英雄。他率领戚家军与倭寇数百战，为彻底平定倭乱、保卫人民群众生命财产安全，作出了巨大贡献。其后防守蓟门，使北部边疆安然无事。他的军事著作《纪效新书》、《练兵实纪》是中国古代军事理论史上的重要文献。

王士禛，清代著名文学家、诗人，官至刑部尚书。他为官清正廉洁，多有政绩，以诗文蜚声文坛。他的诗清新蕴藉，刻画工整，首创神韵诗派。又善古文、工词。门生众多，著作宏富，多达500余种，近人编有《王士禛全集》。

蒲松龄，清代著名文学家。他一生怀才不遇，经历坎坷，对政治腐败、社会黑暗有深刻认识，为文学创作提供了有利条件。他一生著述丰富。其代表作《聊斋志异》，为文言文短篇小说集，借写鬼狐花妖，奇人异事，广泛而深刻地影射并抨击现实社会，成为中国历史上有代表性的文学名著，现已有20多种外文译本，流传世界各地。

孔尚任，清代著名戏剧家。他为官多年，对当时官场黑暗和民众疾苦有清醒认识，对南明灭亡有切身感受。他历经10余年，完成揭示南明灭亡的历史悲剧《桃花扇》。上演后，轰动京城，誉满文坛。另有多部诗文集问世。

本丛书所收录的28位齐鲁历史名人，都是他们那个时代的顶尖人物，代表了他们生活的那个时代最先进的思想文化、科学技术和文学艺术。他们为丰富、发展和创造光辉灿烂的齐鲁文化与中华文明都作出了突出的贡献。“见贤思齐”，齐鲁先贤们的思想和精神至今仍有其超时空的普世价值。这里我只想说明几点：

一是这些齐鲁先贤都是爱国主义的杰出代表人物。他们热爱自己的祖国，“忧患不忘国”，“苟利国家，不求富贵”，用毕生的智慧和能力报效祖国。有的为了国家富强而锐意改革，甚至不惜献出自己的生命；有的尽忠报国，“鞠躬尽瘁，死而后已”；有的为了保卫祖国，终生奋战沙场，“封侯非吾意，但愿海波平”。这些都表达了齐鲁先贤的爱国情怀，是永远值得后人学习和纪念的。

二是他们都十分关注民生，关注民间疾苦；反对战乱，反对苛政；主张社会公平，追求社会和谐。如“仁者爱人”，“己欲立而立人，己欲达而达人”，“摩顶放踵，利于天下”的博爱思想；“乐民之乐者，民亦乐其乐；忧民之忧者，民亦忧其忧”的民本思想；以和为贵，和而不同的辩证思想；“天下为公”与“大同”、“小康”的社会理想等等。这些思想影响深远，对于我们今天建设社会主义和谐社会仍有着现实意义。

三是他们对自己所从事的事业都有执著的追求和创新精神，“苟日新，日日新，又日新”。如上述的一些科学家、文学家和艺术家，他们大都历经人生几十年的坎坷，上下求索，排除困难，不断创新，在各自研究的领域，终于登上了一个又一个高峰，在思想文化史上留下了光辉的篇章。这种精神是永远值得后人学习与发扬光大的。

四是他们都重视自身的思想修养，追求道德的最高境界。如“富贵不能淫，贫贱不能移，威武不能屈”的高尚气节，惩恶扬善、见利思义、恪守诚信的社会美德，“海纳百川、有容乃大”的兼容并包的开放意识和博大胸怀等等。这种品格也是永远值得后人崇敬和学习的。

古人云：“金无足赤，人无完人。”上述齐鲁先贤虽然各自成家，彪炳史册，但却并不一定都是完人。他们如同一方方光华夺目的美玉，由于历史的局限，也不免有其微瑕。这和从整体上看待中国传统文化是一样的。还是那句老话：“取其精华，去其糟粕”，我们对待齐鲁先贤也应取这样的态度。

盛世修史，继往开来。上世纪末，我们省、地、市、县都先后编辑出版了一批大型地方史志，对于存史、资政、育人都起到很重要的作用。但由于时间上限截自1840年鸦片战争以后，这样山东古代的先贤圣哲、名家名人以及优秀的传统文化基本上付之阙如。《齐鲁诸子名家志》的编辑出版，弥补了这一重大空白，其学术价值和现实意义是不言而喻的。

最后，请允许我代表广大读者，感谢各位主编、作者和编辑同志为此丛书付出的辛勤劳动，感谢山东人民出版社和山东省地方史志办公室为我们编辑出版了一套高质量、高品位的好书。祝愿这套丛书在社会主义政治文明、物质文明、精神文明、社会文明的建设中能起到应有的作用。同时，也希望总结经验，再接再厉，编撰出版更好更多的名人名家志书。

是为序。

安作璋

2009年3月于山东师范大学

编纂说明

一、本志力求以辩证唯物主义、历史唯物主义的观点，客观、科学地记述贾思勰其人及其在《齐民要术》一书中反映的农业思想和科学技术成就。

二、贾思勰因著《齐民要术》一书而知名后世。为全面了解贾思勰及其贡献，故将《齐民要术》辑入本志，供读者研究探讨。

三、本志所据资料来源：一是史书、碑刻，二是已出版的学术研究论著，三是实地考察、采访资料。凡属引文，均注明出处。

四、因对贾思勰生平的探讨尚有争论，特附有代表性的论文于后，供读者参考。贾思勰史书无传，农史研究专家多认为他与《魏书》有传的贾思伯、贾思同是同族，故将贾思伯、贾思同的有关资料辑入，供研究参考。

五、本志所涉及的地名、职官，仍袭用当时名称。古今地名不一者，括注今名。

目 录

第三篇　农业思想

第四篇　科学技术成就

第五篇　影响与研究

附　录

《齐民要术》

概 述

贾思勰是中国古代杰出的农学家，因著农书《齐民要术》著称于世。关于他的生平，史籍阙载，仅从其著作题名中，知他曾任后魏高阳郡太守。但南北朝北魏时有两个高阳郡：一为本郡，在今河北省高阳县境内；一为侨置郡，在今山东淄博市临淄区西北30里。贾思勰究竟在何处任职，近代以来中外学者考证颇多，尚无定论。关于他的里籍，学术界大多认为他与《魏书》有传的贾思伯、贾思同是同族兄弟，都是北魏时齐郡益都县(治所在今山东省寿光市城南益城村)人。近代有学者推论贾思勰和贾思同可能是同一个人，终因缺乏实证，未得到多数学者的认同。

寿光市博物馆贾思勰像

北魏时期，居住在青州齐郡益都县的贾氏，是一个世代为官的士大夫家族。贾思勰作为这个大家族的一员，有着从事农牧业生产与经营管理的实践体验；作为地方行政长官，出于巩固封建政权的考虑，“要在安民，富而教之”（自序）便成了他的牧民为政之道。于是，借助家族本身的有利条件，通过博览群书和实地考察，大约在公元533—544年间，贾思勰写成了农业巨著——《齐民要术》。虽说“齐民”是平民，“要术”是谋生的方法，但就全书内容而言，该书也可以说是一部农牧业经营管理学著述。

《齐民要术》系统地总结了公元6世纪以前，中国历代劳动人民积累的宝贵的农业生产经验，体现了很高的技术成就。在耕作方面，该书总结了黄河流域各族人民精耕细作抗旱保墒的经验，既有理论分析，又有技术措施；总结了先进的种植制度——绿肥轮作制，并研究鉴定了多种绿肥作物，特别是豆科绿肥作物的肥效，研究了它们的增产效果，使土地能够连续种植，用养结合，为农业连续增产开辟了新途径。在种子处理方面，总结了一套比较完善的选种、留种和良种繁育制度，提出比较明确的品种命名原则。该书分门别类，对每一种作物的品种、生物学特性，如何因地因时制宜地进行栽培管理等，作了详细论述，特别总结了果树林木培育、扦插、压条、嫁接等技术要领与基本原理，以及蔬菜精耕细作的栽培技术。在畜养方面，总结了外形鉴定、饲养管理、选种、育种、畜产品加工等方面的宝贵经验，是中国现存最早而且比较系统的畜牧科学文献。在兽医方面，收集了阉割法、直肠掏结术、中兽医辨证论等，这些经验是中国及世界兽医学上的最早成就。该书还系统地总结了农副产品加工技术成就，详细记载了古代蚕桑生产技术，特别是“低温催青法”和“用盐杀茧”的盐腌法。这些，在中国科技发展史上都有着重要意义。

《齐民要术》保存了大量珍贵史料。书中广征博引文献资料160

种以上，佚书《氾胜之书》、《四民月令》、西晋的《广志》等，即有赖于《齐民要术》方得以辑录传世。

《齐民要术》的撰著体现了贾思勰严肃认真的科学态度。他充分借鉴前人的著述成果，广泛收集民谣民谚，访问有经验的老农，在农业生产中作了深入的调查研究，用实践的科学方法来总结经验。在此基础上，对前人提法的不当之处，予以大胆否定。《齐民要术》多处引用《氾胜之书》的内容，但对于《氾胜之书》中的迷信或不合实际之处给予了否定，并提出了自己有创见性的看法。

《齐民要术》对中国传统农业产生了深远的影响。它所创立的农学体系包括农、林、牧、副、渔等诸多项目，涉及天文、气象、植物、土壤、肥料等多方面的专门知识。后世农书多以它为蓝本，如元代的《农桑辑要》、王祯《农书》，明代的《农政全书》，清代的《授时通考》，这四部大型农书都继承、吸取了《齐民要术》的精华。

《齐民要术》在世界科技史上也具有较大影响，受到外国学者的关注。公元9世纪，日本宽平年间（公元889—896年），藤源佐世编著《日本国见在书目录》，收录了《齐民要术》。至12、13世纪，《齐民要术》已有多种版本在日本广为流传。1940年以后，日本著名学者西山武一研究华北旱地农业时，对《齐民要术》推崇备至，除收集一些版本外，还到山东临淄实地访查。英国著名科学史专家李约瑟高度评价《齐民要术》，其助手将《齐民要术》译成了英文。

《齐民要术》是中国现存最早、最完整、最系统的农业百科全书，问世已有1400多年。它丰富多彩的内容闪烁着中国劳动人民的智慧之光，获得古今中外众多学者的推崇和赞扬。它不仅是研究古代农业技术史的珍贵文献，而且是从事现代化农业科学研究的重要参考资料。

历史上，贾思勰作为一个地方官吏，因官位不显而未能正史立传，但一部《齐民要术》则足以使他作为中国古代杰出的农学家彪炳青史，百世流芳。

第一篇　家世与生平

由于史籍阙载，贾思勰的详细身世和经历，尚难确知。今人只能根据《齐民要术》题名“后魏高阳太守贾思勰撰”，明确他所处的时代和所担任的官职；又从自序和各卷的内容中，发现一些资料，据以推测他的家世及其大体的生平经历。

第一章 家 世

贾思勰的家世，史无明文。至清代，始有学者进行考证。《山东通志·卷136子部·农家》、《青州府志·人物》、嘉庆年间《寿光县志》等载：贾思勰，元魏时人，与思伯、思同是兄弟行。清代学者姚振宗在《隋书经籍志考证》中亦称贾思勰和《魏书》有传的贾思同是同族兄弟。1934年，栾调甫（笔名胡立初）在《〈齐民要术〉引用书目考证》中推断，贾思勰与贾思伯、贾思同乃同族本家。以上说法，已为多数农史研究专家所接受。要谈及贾思勰的家世，只能从贾思伯、贾思同的家世中推知其梗概。

寿光市贾思勰祠

由《魏书》、贾使君碑（在兖州）、贾思伯墓志铭（寿光城南贾墓中出土）以及各种地方志得知：在北魏齐郡益都县（今寿光南部）的贾氏家族，远祖是贾谊，居洛阳。至贾思伯十一世祖贾龚，东汉桓帝时迁居武威姑臧（今甘肃省武威县）。十世祖贾诩，“佐命黄道，经纶魏道”，曹丕时官至太尉。九世祖贾机，出任幽州刺史，中途遭不测丧亡，子孙遂在信都（今河北冀县）定居。150年后，贾思伯高祖贾腾出任后燕宜都王（慕容凤）司马兼冀州别驾，战乱中兵败东徙，“遂宅东齐”。贾思伯曾祖贾宏，未宦早丧。祖佚名。伯父贾元寿，魏孝文帝时任中书侍郎。父贾道，曾任过青州主簿、中正和齐郡太守。弟贾思同官至侍中。子贾彦始，官至淮阳太守。另外，与二贾同时共排一个“思”字的还有贾思勰、贾思祖、贾思庆等。

现在，寿光姓贾者，几乎遍及全市。以贾姓命名的村庄就有贾庄、贾家庄（有二）、贾家庄子（有二）、贾王南邵、贾家等七八个之多。这是否与古代的贾氏家族有关，待考。

附：贾氏家族大事年表[1]

汉高祖六年（公元前201年）至汉文帝十二年（公元前168年）

贾思伯、思同远祖贾谊在世，居洛阳。曾任太中大夫、长沙王太傅。少年即才华横溢，世称“贾生”。

汉桓帝建和间（公元147—149年）

贾思伯、思同十一世祖贾龚官至轻骑将军。家由洛阳迁居武威姑臧（今甘肃省武威县）。

汉桓帝建和元年（公元147年）至魏文帝黄初四年（公元223年）

贾思伯、思同十世祖贾诩在世。贾诩曹魏时官至太尉。死后谥肃侯。

魏明帝青龙三年（公元235年）

贾思伯、思同九世祖贾机出任幽州刺史，行至冀州地，在郡治信都（今河北冀县）丧亡。谥关内侯。子孙遂在信都定居。

后燕慕容垂建兴元年（公元386年）

贾思伯、思同高祖贾腾出任冀州别驾，兼任宜都王（慕容凤）司马。

后燕慕容宝永康二年（公元397年）

北魏拓跋跬兵陷冀州治所信都，冀州刺史慕容凤同别驾、司马贾腾出逃。贾氏家族开始流落东齐，后定居齐郡益都县（今山东寿

[1] 本表资料来自《汉书》、《三国志》、《唐书·宰相世系表》、兖州贾使君碑、寿光贾思伯墓志铭、贾思伯夫人墓志铭以及《魏书·贾思伯传》。

光市南部)。

南朝宋孝武帝孝建元年(公元454年)

南朝宋侨置高阳郡,隶属青州,辖县五个(均在今淄博市临淄区内),治所在高阳城(在临淄北部,今为高阳乡)。

北魏献文帝皇兴二年(公元468年)

贾思伯生。(曾祖贾宏少有令誉,未宦早丧。祖佚名。父贾道先后任青州主簿、中正、齐郡太守。伯父贾元寿,北魏太和中任中书侍郎。)

北魏孝文帝太和十二年(公元488年)

贾思伯释褐奉朝请,任太子步兵校尉、中书舍人、中书侍郎。

北魏孝文帝太和二十年(公元496年)

拓跋氏改姓元氏。

贾思同释褐至彭城王元勰(孝文帝元宏六弟)家任王国侍郎。

北魏宣武帝正始三年(公元506年)

贾思伯、思同母去世。

北魏宣武帝永平元年(公元508年)

贾思伯出任荥阳太守。翌年,出任南青州刺史。

北魏宣武帝永平三年(公元510年)

贾思伯、思同丁父艰,家居。

北魏宣武帝延昌四年(公元515年)

贾思伯任兖州刺史。

贾思同在朝任司库郎中。

北魏孝明帝熙平二年(公元517年)

贾思同任尚书考功郎。

北魏孝明帝神龟二年（公元519年）

贾思同出任青州别驾。

兖州民为贾思伯立去思碑，称“贾使君碑”。

北魏孝明帝正光三年（公元522年）

贾思伯为皇帝侍讲（冯元兴为侍读），讲《杜氏春秋》。

北魏孝明帝正光四年（公元523年）

贾思同试任荥阳太守。

北魏孝明帝孝昌元年（公元525年）

七月，贾思伯卒于洛阳怀仁里，十一月归葬青州齐郡益都县钓台里。

北魏孝庄帝建义元年（公元528年）

贾思同出任襄州（今河南地）刺史，“百姓安之”。

北魏孝庄帝永安二年（公元529年）

贾思同被封为营陵县男，邑200户。并除抚军将军、给事黄门侍郎、青州大中正。不久，又擢升镇东金紫光禄大夫，仍兼黄门。寻加车骑大将军、左光禄大夫。

东魏孝静帝天平元年（公元534年）

贾思同从洛阳入邺（今河南省临漳一带），除黄门侍郎兼侍中、河南慰劳大使。

东魏孝静帝元象元年（公元538年）

贾思同为孝静帝侍讲，授《杜氏春秋》，加散骑常侍，兼七兵尚书，拜侍中。

东魏孝静帝兴和二年（公元540年）

贾思同卒。

东魏孝静帝兴和三年(公元541年)

贾思同归葬故里,墓在其兄贾思伯以东并列。

贾思伯夫人刘静怜卒,与贾思伯合葬。

东魏孝静帝武定二年(公元544年)

贾思伯子贾彦始出任淮阳郡(今河南省东部)太守。

第二章 生 平

关于贾思勰的生平，后人只能从《齐民要术》中略知一二。

从《齐民要术》大量摘引古代经传及《杂说第三十》的"染潢及治书法"来看，贾思勰出生于藏书颇丰的望族，幼年时代起就雅好经史，博览群书，具有丰富的学识，并学会了一套抄书、用书、补书、防治书虫、晾书、藏书的技术。在经学研究上，他与贾思伯、贾思同一样，致力于南派经学。在《齐民要术》中，贾思勰援引的经部传注，《易》为王廙《易传注》，《书》为《孔氏传》，《诗》为《毛公传》，《周官礼记》为《郑玄注》，《春秋左传》为《杜预注》，这几部传注，当时均属南派经学。

根据《齐民要术》的题名可知，贾思勰曾任北魏高阳太守。联系魏晋南北朝时期门第等级森严的士族制度，贾思勰出任是职当与他的家庭有密切关系，而这种身份又为他的广泛交游提供了便利。《造神曲并酒第六十四》作糯米酒法自注："此元仆射家法。"《白醪曲第六十五》篇题下自注："皇甫吏部家法。"尽管"元仆射"、"皇甫吏部"的名字尚不能确知，但贾思勰与朝廷高官有密切来往还是可以肯定的。《种谷第三》中"西兖州刺史刘仁之，老成懿德，谓余言曰……"的记载，也足以说明他与刘仁之的交谊。这些记载表明，贾思勰是一个依靠社会关系出入权贵家庭的地方官员，他还充分利用这些机会为写作《齐民要术》积累了不少资料。

贾思勰一生行迹甚广。根据《齐民要术》所述，除他的原籍青州、任职地高阳郡以外，贾思勰还到过今山东、河南、河北、山西等省的不少地方。《耕田第一》自注："今自济州以西，犹用长辕犁、两脚耧……未若齐人蔚犁之柔便也。"《种蒜第十九》自注："今并州无大蒜，朝歌取种，一岁之后，还成百子蒜矣……并州豌豆，度井陉以东，山东谷子，入壶关、上党，苗而无实。皆余目所亲见。"《种粟第三十八》自注："渔阳、辽、代、上党皆饶。"济州、齐(州)均在今山东西北部，并州在今山西中南部(治在太原)，壶关、上党属并州，在今山西东南部，代(郡)在今山西北部，朝歌在今河南淇县境内，井陉在今河北井陉境内，渔阳在今北京市附近，辽当指辽河地区。另据《种桑、柘第四十五》"今自河以北，大家收百石，少者尚数十斛。故杜葛乱后……数州之内，民死而生者，干椹之力也"及《养羊第五十七》"漠北寒乡之羊，则八月不铰，铰则不耐寒"的记载，贾思勰当在公元528年后到过位于今河北省的冀、定、沧、瀛、殷等州，还可能到过漠北畜牧地区。

贾思勰曾从事农牧业生产，同时，他不论做官还是交游，又都注意实地观察，积累资料，为撰写《齐民要术》做了大量准备。离职家居之时，贾思勰总结毕生经验，写成了《齐民要术》这部农业科学巨著，为后世留下了一笔丰富而珍贵的文化遗产。

第二篇　著作：《齐民要术》

《齐民要术》共10卷,92篇。该书系统地总结了公元6世纪以前中国在农业科学技术方面取得的成就。书中有“杜葛乱后”(《种桑、柘第四十五》)、“西兖州刺史刘仁之,老成懿德,谓余言曰”(《种谷第三》)等语,根据杜洛周、葛荣起事于北魏孝昌元年(公元525年)至永安初(公元528年),刘仁之任西兖州刺史在出帝初(公元532年)任著作郎兼中书令后,因“非其才”而改任是职,东魏武定二年(公元544年)卒于西兖州任所等史实,可以推断,《齐民要术》大致成书于公元533—544年间。

第一章　内容与资料来源

第一节　内　容

贾思勰在《齐民要术》自序中说，该书"采捃经传，爰及歌谣，询之老成，验之行事"，内容"起自农耕，终于醯醢，资生之业，靡不毕书"，包括土壤耕作、作物栽培、园艺、蚕桑、林木、畜牧、农产品加工等各个方面。全书10卷，卷首别有序言篇、杂说篇。前九卷分为91篇，外加第十卷，合计92篇。大字约7万多字，小字约4万多字，合计11万多字。

贾氏自序后面卷一前面的《杂说》篇，近代学者多以为不是贾思勰的手笔，并从文中的田亩制度、作物种类和名称、农具、方言、耕作技术及用语等方面，证明是后人掺杂之作。

卷一的前两篇《耕田第一》和《收种第二》，内容近似总论。其中《耕田》篇主要讲土壤耕作，抓住黄河流域农业生产中的关键问题，总结了抗旱保墒的耕作技术，标志着当时北方以耕、耙、耱为中心的抗旱保墒耕作技术体系已经确立。

从卷一的《种谷第三》到卷二的《胡麻第十三》，介绍各种粮食、纤维、油料等作物的栽培方法，共11篇，是全书重点内容之一，反映出当时中国农业生产的基本结构是以种植业为主体，而粮食生产又是种植业的核心。

从卷二的《种瓜第十四》到卷三的《种苜蓿第二十九》，讲蔬菜栽培，共16篇。从卷四第三篇《种枣第三十三》至《种茱萸第四十四》，主要讲果树栽培。瓜果蔬菜可调剂日常生活，补粮食生产之不足，《齐民要术》也很重视。

卷三的最后一篇《杂说》，其内容可分为两部分，前一部分大致是按月份叙述农家（士大夫类型的农家）应当从事的各种活动，包括祭祀、宗族邻里关系、子弟教育、收藏保管、佣工管理、粮食和纺织品交易等，很可能是《四民月令》素材的农家活动的辑录；后一部分说明价格与国计民生的关系，储备粮食的重要性，预卜丰歉的方法等。

卷四前两篇是林木栽培总论。卷五是材用树木和染料植物兼及伐木常识等，共11篇。

卷六介绍畜牧和养鱼，共6篇。在《齐民要术》中，园艺业、林业、畜牧业显然只是作物种植的附属。

卷七、卷八、卷九是属于农副产品加工的副业生产和保藏，主要包括各种酿酒、做醋、制酱及食品加工方法等，内容全面详尽，为农家生产、生活所必需。

卷九的《煮胶第九十》和《笔墨第九十一》两篇，是介绍家庭手工业。

卷十的《五谷、果蓏、菜茹非中国物产者》一篇，记载了100多种有实用价值的热带、亚热带植物及60多种野生可食植物，是中国最早的"南方植物志"。

全书所涉范围很广，总览农、林、牧、副、渔等各大方面，凡是人们生产、生活所需的事项，几乎无所不包。结构安排主次分明，农林、牧渔等主要内容安排在前六卷，且前后有序，记述周详。每篇大都由解题、本文、引文三部分组成。解题部分在每篇之首，常以小字注形式出现，多是先征引前人文献，再加作者按语，论及作物名称的辩说正名、历史记载、品种及地方名产，兼及形态、性状等。本文部分是每篇的精髓，是作者对调查访问和生产实践所得的第一手资料的总结。例如写各种作物栽培，先说作物整地要求，再依次介绍选种育种、播种（时间、方法、播量等）、间苗、中耕除草、施肥、灌溉以至收获贮藏等各方面的知识。畜牧各篇先写选种，再写繁殖、育肥、饲养管理、疾病防治乃至畜产品加工利用等，内容全面系统，安排合理。紧接本文之后是引文，征引前人著述中的有关资料进一步充实该篇内容。

《齐民要术》的此种结构安排，无前例可循，具有严整的系统性。后世农书，往往以之作为仿效的榜样。

从《齐民要术》所述内容看，它所记述的农业生产范围，限于当时作者所处的北魏版图以内。从书中所涉及的有关地名进行分析，可以推定大致的地区范围。

关于农作物和蔬菜栽培，书中涉及济州、齐州、并州、朝歌、井陉、山东、壶关、上党等地。济州、齐州、山东等地名，都在今山东境内，并且都靠近黄河。并州、壶关、上党等地都在今山西境内。朝歌在今河南北部。

果树和材用树木的栽培，涉及青州、西安、广饶及渔阳、辽、代、黄河以北等地。青州、广饶、西安都在今山东境内。渔阳在今北京市附近，代在今山西北部，辽可能在今东北辽河地区。

畜牧方面提及的沙漠以北、长城以外，属北魏的边区。那里是畜牧地区。

记述农产品加工利用时，也曾提到江南，但当时江南地区不在北魏国土之内。

根据以上分析可以看出，《齐民要术》一书讨论的农业生产的地区范围，主要在黄河中下游，包括今山西东南部、河北的中南部、河南的黄河北岸和山东。江南的农业生产则很少涉及。

第二节　资料来源

贾思勰治学态度严谨，他在《齐民要术》一书中所记述的内容，都言之有据，少有空泛言论。其资料来源主要有以下四个方面：

一是广摘经传资料。《齐民要术》参阅的先秦、西汉及魏晋的经传文献多达180余种，除书名难考的以外，有书可查的达162种。其中经部7种，史部65种，子部41种，集部19种，共引用841条（见下表）。就其篇幅来说，差不多占了《齐民要术》的一半。在他引用的古书中，有114种现已失传，由于他的引用才得见其一斑。而《氾胜之书》和《四民月令》这两部宋代已佚的汉代农书，更是由于《齐民要术》的引用，现在才能辑佚成书。

二是博采歌谣农谚。歌谣农谚是前人农业生产经验的总结，具有指导农业生产的作用。贾思勰对其非常重视，《齐民要术》引用达30余条之多。这些农谚都是谈农业生产技术的，增强了《齐民要术》的可读性。

三是访问获取生产经验。贾思勰记述的农业技术，很多是经过调查访问所得的实践经验。他出生于官吏兼经营地主的家庭，不可能在农业生产上面面俱到。向老成农民或内行学习得来的农业生

《齐民要术》引用书目一览表

序号	部　类	书名（存）	书名（亡）	引用条数
1	经　部		王廙周易注	1条
2		孔安国尚书传		2条
3			郑玄尚书大传注	2条
4		周　书		1条
5		毛诗纬		28条
6			毛诗注	1条
7			毛诗义疏	35条
8		韩诗外传		1条
9		郑玄周礼注		8条
10		郑玄礼记注		10条
11		大戴礼记		2条
12		杜预左氏春秋集解		2条
13		孝经		2条
14		论语		3条
15			犍为舍人尔雅注	3条
16			樊光尔雅注	1条
17			孙炎尔雅注	9条
18		郭璞尔雅注		66条
19		小尔雅		1条
20		张揖广雅		16条
21		郭璞方言注		2条
22		刘熙释名		3条
23			三仓	1条
24			仓颉解诂	1条
25		史游急就篇		2条
26		许慎说文解字		28条
27			吕忱字林	28条

续表

序号	部　类	书名(存)	书名(亡)	引用条数
28			李登声类	1条
29			何承天纂文	1条
30			郑玄尚书纬注	2条
31			宋均礼纬注	1条
32			春秋纬	1条
33			沈约春秋元命包注	1条
34			孝经援神契	4条
35			孝经河图	1条
36			龙鱼河图	6条
37			括地图	1条
38	史　部	史　记		5条
39		汉　书		4条
40			东观汉记	1条
41			鱼豢魏略	1条
42			王沈魏书	2条
43			张勃吴录	7条
44			环济吴纪	1条
45		三国志		3条
46		战国策		1条
47		越绝书		1条
48			沈怀南越志	4条
49		常璩华阳国志		1条
50			刘道会晋起居注	1条
51		汉武故事		1条
52		西京杂记		12条
53		卫宏汉旧仪		1条
54			晋令	1条
55		汉武内传		5条
56			东方朔传	1条
57			夏统别传注	1条
58			曹毗杜兰香传	1条
59		刘向列仙传		1条
60		葛洪神仙传		6条
61			列异传	1条

续表

序号	部　类	书名(存)	书名(亡)	引用条数
62			戴祚甄异传	1条
63		刘敬叔异苑		1条
64		干宝搜神记		2条
65		郭璞山海经注		9条
66			周处风土记	12条
67			京口记	1条
68			盛弘之荆州记	2条
69			荆州土地记	3条
70		陆翙邺中记		3条
71			辛代三秦记	2条
72			伏琛齐地记	1条
73			嵩高山记	2条
74			西河旧事	1条
75			河西语	1条
76			郑缉之永嘉记	4条
77			寻阳记	1条
78			湘州记	1条
79			周景武庐山记	1条
80			蜀志记	1条
81			蜀记	1条
82			南中八郡志	2条
83			刘欣期交州记	4条
84			裴渊广州记	6条
85			顾微广州记	7条
86			竹法真登罗浮山疏	2条
87			谢灵运游名山志	1条
88			南方记	7条
89			南方草物状	16条
90			异物志	19条
91			南州异物志	4条
92			临海异物志	16条
93			林邑国记	1条
94			西域诸国志	1条
95		十洲记		1条

续表

序号	部　类	书名(存)	书名(亡)	引用条数
96		神异经		7条
97			外国图	1条
98			玄中记	4条
99			世本	1条
100			晋宫阁簿	1条
101		竹谱		2条
102			魏王花木志	1条
103	子　部	孟子		11条
104		桓宽盐铁论		3条
105			谯子	1条
106			杨泉物理论	4条
107		文子		1条
108		列子		1条
109			司马彪庄子注	2条
110		郭象庄子注		1条
111		抱朴子		2条
112		管子		6条
113			崔寔政论	1条
114		吕氏春秋		9条
115			许慎淮南子注	1条
116		高诱淮南子注		13条
117		应劭风俗通义		2条
118			仲长子昌言	4条
119		张华博物志		14条
120			郭义恭　广志	64条
121			皇览	1条
122			氾胜之书	22条
123			范子计然	2条
124			崔寔四民月令	47条
125			陶朱公养鱼经	2条
126			陶朱公术	1条
127			郭子	1条
128			杂阴阳书	8条
129			杂五行书	8条

续表

序号	部　类	书名(存)	书名(亡)	引用条数
130			师旷占	5条
131			淮南万毕术	5条
132			本草经	4条
133			吴氏本草	6条
134			陶隐居本草	1条
135			葛洪方	2条
136			神仙服食经	1条
137			养生论一条	1条
138			要论	1条
139			养生经	1条
140			食经	36条
141			食馔次第法	9条
142			家政法	9条
143			韦仲笔墨方	1条
144	集　部	王逸楚辞注		1条
145			王逸集	2条
146			张衡集	1条
147			李尤集	1条
148			延笃集	1条
149			蔡邕集	1条
150			魏武帝集	1条
151			陈思王集	3条
152			傅玄集	3条
153			张载集	1条
154			潘岳集	2条
155			潘尼集	3条
156			左思集	1条
157			陆机集	3条
158			嵇含集	1条
159			沈充集	1条
160			曹毗集	1条
161			王彪之集	2条
162			俞孟期笺	3条

注：本表资料来自胡立初（即栾调甫）《〈齐民要术〉引用书目考证》，见齐鲁大学《国学汇编》（二），1934年。

产技术（“询之老成”），在《齐民要术》中虽未全部标出，但可相信这一部分的比重一定是很大的。

四是参加农业实践。贾思勰并不轻信经传和别人的传闻，而是尽可能地通过实践去验证。他曾养过200头羊，还亲自观察过“山东谷子，入壶关、上党，苗而无实”（《种蒜第十九》）等情况。

《齐民要术》根据以上四个方面的资料相互验证而写成，既继承了前人的生产经验，总结了当时的生产经验，为后世农业发展提供了丰富的资料，也为以后的农书写作留下了范式。应该说，《齐民要术》是一部承前启后的总结性农业专书，见下图：

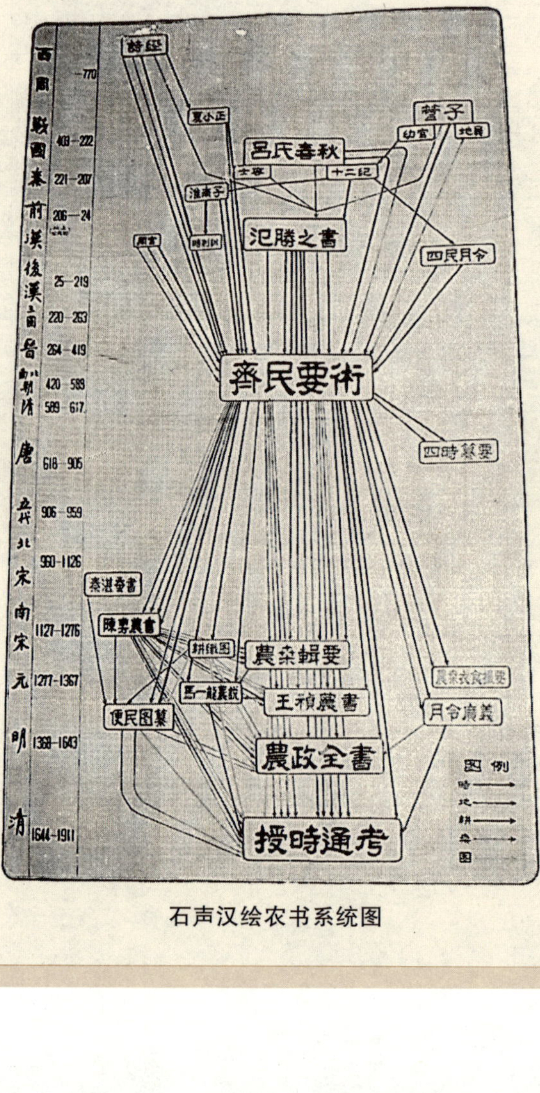

石声汉绘农书系统图

第二章 重要版本[1]

《齐民要术》撰于1400余年前，经过多次的传抄与翻刻，加之战争、水火虫蠹的损坏，产生了不少的脱讹失真之处，历代都有学者对此书进行整理和校勘。

迄今为止，能见到的最早刻本是北宋的崇文院刻本。在此之前，可能只是抄写流传于民间。另有崇文院系统本九卷，即金泽文库本，简称金抄。南宋有张辚刻本（即龙舒本），早已散失，现存残缺不全的校宋本。南宋还有张辚刻本的复刻本，也散失无存，现存其抄本，即《四部丛刊》影印的明代抄本，简称明抄。从有关文献推知元代确曾有过刻本，但一直未见，而元代的《农桑辑要》里却引录了《齐民要术》前六卷的大量资料，与两宋本的内容基本相符。明代刻本有：(1)马直卿的湖湘刻本，是元刻本的复刻本，今已少见；(2)胡震亨《秘册汇函》—毛晋《津逮秘书》本；(3)华亭沈氏竹东书舍刻本，也少见。清代乾嘉以后的学者开始重视《齐民要术》的勘误工作，并取得一定的成绩。经过校勘后出版的有：(1)张海鹏的《学津讨原》本，(2)袁昶的渐西村舍本。另外还有校勘后未能出版的稿本：(1)吾点校本，(2)黄麓森校本，(3)黄廷鉴校本，(4)张步瀛校本。这些稿本的质量大都超过《学津讨原》本和渐西村舍本。光绪年间的湖北崇文书局本和《观象庐丛书》本，都不过是《津逮秘书》本

[1] 本章资料，主要采用缪启愉教授的研究成果。

的翻版。1917年，郑国勋刊印的龙溪精舍本与渐西村舍本大同小异。

新中国成立后，许多学者重视农业科学的继承和发展，深入研究整理这部古老而内容丰富的农书。信息交流的便捷，图书资料的积累以及现代科技知识的参照，都为此提供了良好的条件，因而取得了较大的成就。其中石声汉教授的《齐民要术今释》和缪启愉教授的《齐民要术校释》，都是很有价值的研究成果。

第一节　北宋崇文院刻本

宋天禧四年（1020年），真宗诏令崇文院（掌管图书经籍教授等的中央级官署）刊刻《齐民要术》，发给劝农使者。书成于天圣年间（1023—1031年），是现存《齐民要术》最早的刻本。此书仅残存五、八两卷和卷一的两页，原藏日本京都高山寺，所以也称高山寺本。高山寺本以后在日本有几种传抄本：一是1808年的抄本，现存内阁文库；二是涩江氏所藏抄本，现藏帝国图书馆；三是小岛尚质影摹本，为1838年日人小岛尚质影摹而成。光绪年间，此影摹本为杨守敬（1839—1915，曾在驻日使馆任职，著有《日本访书志》等）在日本访查所得，是院刻本现存中国的唯一抄本。1914年，罗振玉（1866—1940）又借得高山寺本，用珂罗版影印，编入《吉石盦丛书》，院刻残本始得流传于社会。影印本线装一册，页心较原来约缩去三分之一，印刷清晰，比小岛的影摹本少卷一的两页残页。高山寺原本页心高24厘米，宽15.5厘米。每页16行，每行大字17（间有18），注小字双行，多是25或26字（间有27、28、29字的）。每卷首页第一行是“齐民要术卷第几”，下盖楷书“高山寺”珠印，次行题“后魏高阳太守贾思勰撰”(但卷一未题),再次就是本卷的总篇目,总篇目后就是篇题和正文,中间没有空行。以后刻本大都仿照这个格式。

宋代颁刻官书,例须先由馆阁校勘,写装净本,经过复校无讹,然后雕版印发。对参加校书的人,挑选极严,校书质量也较高。当其他版本错乱不可读时,取对两卷,则迎刃而解。它是现存旧本中最好的本子,惜其仅存五、八两卷,残帙不全。

第二节　金泽文库旧抄卷子本

所谓卷子本,是抄好后装裱成卷轴而不装订成册。因原系金泽文库旧藏,所以通称金泽文库本。原书十卷齐全,以后第三卷散失,现仅存九卷。金泽文库是由日人北条实时于1264—1277年间创立的,藏书丰富。后因沧桑变易,藏书遂散出转手他人。在日人森立之《经籍访古志》中,曾提到这个缺第三卷的手抄卷子本《齐民要术》,说此书藏于尾张真福寺,致使中国清代的许多学者也都信以为真。直到1926年11月,尾张德川家在名古屋市图书馆举办的典籍展览会上,将此卷本展出以后,大家才知道此书的真实下落:该卷子本藏于德川家东京蓬左文库。起初概不出借,直至1948年3月,日本农林省农业综合研究所方借用该本珂罗版影印。中国现在能见到的就是这个影印本。

原金抄卷子本每卷装裱成一至三轴,现共有二十二轴,抄成于1274年。原本直长28.5厘米,每轴横长不等,每行大小均15字。影印时以14行为一页,共分455页,外加第一轴裱纸的摄影留真一页;以两页上下排列合印成一面,共印228面。

金抄所据的原本是仁安(日本年号)元年,相当于宋孝宗乾道二年(1166年)的抄本,而仁安抄本据抄的原本自称是"唐摺本"。事实上从金抄中的宋讳缺笔分析,绝不是"唐摺本",因唐人不会避宋代皇帝的名讳,此理自明。另一方面,金抄的五、八两卷与现存的院刻两卷对照,内容基本相同,而且在卷子本第六卷的首页之前抄有《大宋靖康二年百忌图》。以上足以说明金抄所据的原抄本是南宋绍兴刻本以前的北宋系统本。金泽文库卷子本抄完后曾和据抄原本校对过,抄校完毕的日期是文永十一年(1274年)三月十一日。两年以后,北条实时又向近卫羽林借得"摺本"再次校对,校出的错误很多,北条实时都夹写在原文的旁边,校核比较精细。可惜他只校到第六卷的中卷,未能校完全书。金抄虽经二次校对,脱、空、倒、错仍有不少,卷六以下更多。尽管如此,由于它源出院刻,许多地方还保存着院刻本的原样,为他本所不及。日人西山武一(1957—1959年间曾与熊代幸雄合译《齐民要术》)评金抄本为"玉石混淆,玉占十之三四",此论大致允当。它的许多错误部分,用诸本汇合校勘时比较容易校正,而它的正确部分却可以校正或填补很多南宋以后各本的错字和脱文。因此,金抄在校勘工作上具有相当高的价值。

第三节　南宋张辚刻本及其校宋本

南宋绍兴十四年(1144年),张辚〔字彦声,济南人,曾任浙江上虞令,九江郡丞,后擢守龙舒(即今安徽舒城)〕刊刻于龙舒的版本,通常称龙舒本。从明代抄本中保存的葛祐之所写的龙舒本序言里,可知据刻的原本是院刻本。当时的院刻本已是"非朝廷要人不可得"的珍本。北宋崇文院刻版之后,见于文献记载的,这是第一次重刻。原书久已散失,现在只有据它的抄本校录的校宋本流传下来。

所谓校宋本，是以某一种版本的《齐民要术》为底本，再拿宋本来校对。这样的校宋本，来源大致有二：一是黄丕烈（荛圃）（1763—1825）校宋本，校录至卷七的中卷止；一是劳格（季言）校宋本，只校录至卷五的第5页止。

黄丕烈于清嘉庆末年（1820年前）所得校宋本，底本是《津逮秘书》本（详见后文），何人校录已不可知，卷头记明："宋本10行，行17字。"此后有多人转相借录，据资料得知，计有张绍仁、陈揆、黄廷鉴、邵浪仙、张步瀛、刘寿曾、孙诒让、管明佳、陆心源九种转录本。

劳格的校宋本来源于朱述之，底本是《秘册汇函》本（详见后文）。据《读书敏求记校证》章钰补记称：劳格之兄劳权说，所用的龙舒抄本是"咸丰甲寅（1854年）季冬借上元朱述之司马抄本"，抄本仅至五卷5页止。劳氏在校录时，除宋本外，并以《太平御览》等有关各书参校。校记比较周详，字体也极严谨。后此本归陆心源手，光绪末年被日本岩崎家所得，现藏东京静嘉堂文库。

以上源自南宋龙舒本的校宋本共计10种，除劳格本外，其余9种都是黄丕烈本的转录或再转录，列述如下：

1.张绍仁转录本：道光元年（1821年）张绍仁转录，底本是《秘册汇函》本，此本后为陆心源收藏，于清光绪末年被日本岩崎家所得，现藏东京静嘉堂文库。

2.陈揆（子准）转录本：道光二年（1822年）陈揆转录，底本是《秘册汇函》本。瞿镛在《铁琴铜剑楼藏书目录》中说"陈子准氏以宋椠残本一一校补"。其实陈揆所用的仍是黄丕烈的校宋本，并非"宋椠残本"。这个转录本只有前六卷，现存北京图书馆。另据瞿镛所记，陈揆用的底本是华亭沈氏竹东书舍刻本，则陈揆似曾以黄校本并校沈氏本和《秘册汇函》本，而沈本后为瞿镛所得。

3.黄廷鉴（字琴六）再转录本：底本是《学津讨原》本（详见后文），《学津讨原》本原就是黄廷鉴校过的，道光五年（1825年）又以陈揆手临的“吴门士礼居（黄丕烈藏书室名）所藏校宋本六卷……合照旷阁（张海鹏藏书室名）新刊本，逐条细勘”。有精校之名，但所校不多。此本后为张定均所得，张定均又借给张步瀛再转录。

4.邵浪仙再转录本：道光七年（1827年），邵浪仙以沈刻本为底本转录，而所据仍是陈揆的校宋本，分装四册，现存北京图书馆。

5.张步瀛再转录本：张步瀛于道光二十八年（1848年）就黄廷鉴再转录本再转录。底本用《津逮秘书》本。黄廷鉴原以《学津讨原》本为校本，因而张步瀛转录时，也并校了《学津讨原》本的异同。此外还将黄廷鉴参校的其他书的内容，一并转录；供书人张定均原先据《太平御览》等书所校的内容，也一并转录；并再以《农桑辑要》、《毛诗草木鸟兽虫鱼疏》等进一步复勘。积累资料很多，校勘审慎，书写极工。现已缺七、八两卷，在南京中国农业科学院存藏。

6.刘寿曾转录本：刘寿曾是渐西村舍本（详见后文）的主要校勘人。他用以校勘渐西本的是先经吾点精校过的湖湘本（详见后文）的影写本。清光绪二年（1876年），他又用黄丕烈的校宋本校勘这个影写本。此本后来发展成为历时400余年、经过16位学者累积校勘的详校本。影写本多次提到“朱氏藏本”，可知刘寿曾还曾用朱述之校本作参校。

7.孙诒让转录本：孙诒让据黄丕烈本转录，见《四库简明目录标注》。此本未见。

8.管明佳再转录本：管明佳据瞿镛所藏校宋本再转录，见《四库简明目录标注》。此本未见。

9.陆心源刊印本：光绪年间，陆心源将校宋本和《秘册汇函》本的不同内容刊刻成书，列入他所编的《群书校补》中。以校宋本为正文，下注《秘册汇函》本的错字、脱文和衍文，分为两卷。

上述各种龙舒校录本，除陆心源本刻版成书外，其余都是手抄本。多人转录，错脱难免，再加刻版一道手续，更增谬误。由于原书久已散失，只能从后来的校录本看张辚龙舒本的内容。龙舒本校勘不如院刻精细，形成错谬固然与抄、刻之误有关，另外，错改也是一个重要原因。主观校改往往改对的不多，如卷五《种紫草》篇，改院刻本“紫芨草”为“紫莀草”等。而改错的倒不少，如卷二《种芋》篇，把“后至”错改为“后生”，卷五《种榆、白杨》篇，把“春时将煮卖”错改为“春时捋煮卖”，“勿使棠近”错改为“勿使掌近”等。诸如此类的臆改，致使该本有所逊色，然而它毕竟是能见到的崇文院刻本的复刻本，所以仍胜于明清刻本。尤其在清代人力求对明代刻本纠谬的工作上，发挥过不少的作用。自从完帙不缺的明抄发现后，才取代了它的地位。

第四节　明抄南宋本

1922年，商务印书馆《四部丛刊》影印江宁邓氏群碧楼藏明抄南宋本，是《齐民要术》各本中唯一完帙不缺的宋本，利用价值相当高。款式每半页10行，每行大字17，小字24或25。据抄的原本是南宋龙舒系统本，但与张辚初刻的龙舒本对照，颇有不同。就这些异文推析，有些并非出于刻抄之误，当是另有所据。一般认为所据原本应是又经一番校勘的龙舒复刻本。如龙舒本序言中的“是为政首”、“不如常更”，明抄则改作“食为政首”、“不如尝更”；卷一《耕田》篇中，龙舒本作“至春而开”、“秋既多风”，明抄改作“至春而开垦”、

"春既多风"。这样的例子很多，都足以说明明抄所据并非张辚初刻。明抄不仅勘正了南宋龙舒本的若干脱误，连北宋院刻本中的错字，也改正了不少。如卷五《种桑、柘》篇中，院刻本把"太祖甚喜"误作"太祖甚善"，把"亲帅躬桑"误作"亲师躬桑"，把"鹗爪"误作"鹗瓜"等，明抄中均予更正。《齐民要术》中有些引用其他书籍的文句，只要原书尚存，明抄也力求与之查对，使其相符。当然明抄也有不足之处，虽然它补正了龙舒本的一些脱误，也校正了院刻本的一些错字，但仍有不少脱误；辗转抄刻脱误固属难免，而才学所限校改不精也是重要原因。另外，自明抄始，书中出现后人加添的文句。其中部分是来自《齐民要术音义解释》（见《四库全书总目提要》），也有后人据明清刻本乱加的。结果往往是画蛇添足，甚至增加讹谬。

总之，明抄的卷帙完整，错谬较少，而且抄写精好净洁，影印本也很清晰。如单独使用，则瑕瑜互见；如配合院刻、金抄使用，则可互弥其短而各呈其长。它的价值与院刻、金抄并论，可谓鼎足而三。

第五节　元代刻本与《农桑辑要》的引录

迄今尚未见到元代刻本的《齐民要术》。据莫友芝《郘亭知见传本书目》所记，元刻《齐民要术》的款式是"每页20行，行大字18字"。现存的任何版本均无此款式。元刻版本虽已失传，但从各方面可以推知，它的质量不好。如明代湖湘本的错脱，明显传承于据刻原本。其中有许多错谬并不见于两宋诸本中，而在湖湘本之前两宋本之后，就只能追源于元刻。另据栾调甫（1889—1972）《〈齐民要术〉版本考》称："近闻刘君仲华言：'曩蓄一本，版式绝似元椠，取校《津逮》本，墨（钉）、（空）等、脱文，大体相同。'"刘仲华所见绝似元椠的本子，既然墨钉、空等、脱文和《津逮》本大致相同，元刻本的质量就可想而知了。

元代官撰农书《农桑辑要》中，引用了大量的《齐民要术》的资料。因系官撰农书，引录依据自然是国家书库收藏的善本，故质量优于元代刻本。引文一般是全段或全篇引录，取对院刻、金抄，多与相符，颇能保存《齐民要术》的本来面目，可见两宋本在元代尚有存本。《农桑辑要》可能是以北宋本为基础，并以南宋本参校引录。在两宋本有异文时，取舍之间，亦颇允当。但因其终属"引用"而非原文翻刻，难免要进行一些修改。对不甚了了或怀疑的文句，便干脆删去。有些对的反而改错，如卷二《旱稻》篇，把"频烦"误改为"频翻"等。尽管如此，仍是正多误少。总之，利用《农桑辑要》校勘《齐民要术》时，只要慎重鉴别，择善而从，仍可视作重要的依据。但该书意在传播农耕知识，并不是保存古籍文献，因而所引录的内容大都在前六卷，校勘《齐民要术》的范围，受到一定的限制。

第六节　明代马直卿刻本

明嘉靖三年（1524年）马直卿刻于湖湘，所以称湖湘本，现藏南京中国农业科学院。每半页10行，每行大小均17字。就其内容推析，据刻的原本应是元刻本或是元刻的复刻本。湖湘本的空脱不少，错误很多，并开始有脱段和脱页。在书的板框之下正文之上的空隙中，加刻校记，是湖湘本的特点。这样的校语共30余条，包括：（1）有问题的地方指出"恐讹"；（2）难以解释或不甚了了的地方指出"未详"；（3）明知多余的字只是指出"衍"而不予修改；（4）书刻成后，经复校，将刻错、刻漏的地方再予以刻补。上述种种足以表明马直卿的刻书态度很慎重,力求保持原样,不予轻改。因此可以推知湖湘本的错脱,大部来自所据原本。上文曾提到元代很可能还有两宋的刻本,而元刻本大都出自书贾之手,既不要求也无能力进行认真校勘,辗转刻抄,错谬累增。但其所据底本很可能是两宋刻本,因而也在一定程度上保存了两宋本的原貌。

总之,湖湘本的严重错乱,应追源于元刻。它的校勘虽较严谨,仍未能补改原据刻本之误,以后的《秘册汇函》本据湖湘本复刻,任情予夺,乖谬滋甚。从元代刻本开始,坏本流传,愈演愈烈。

第七节 《秘册汇函》—《津逮秘书》本

胡震亨于万历二十六年(1598年)在北京灯市得一明刻本《齐民要术》,与沈汝纳(士龙)、姚士粦(叔祥)共同校订后,于万历三十一年(1603年)刊刻成书,列为《秘册汇函》的一种。此本每半页9行,每行大小均18字,注小字双行共36字。1621年,《秘册汇函》全辑遭火灾后,胡震亨遂将20余函的残版(其中有《齐民要术》)转让于毛晋。后来毛晋将此版本编入所辑的汲古阁《津逮秘书》中。经过翻印流传,火灾前后二版本或有不同,而实系一种,通常称作《津逮》本。

《津逮》本据刻原本是湖湘系统本,而拙劣更甚。在校勘上大加改动,误多正少。这与胡、沈等人的刻书态度不无关系。二人在《跋》语中,对《齐民要术》颇有微词,认为不过是"农家书耳",所记"种树、畜牧、调造方法,不但南朔古今非宜",而且"羌煮貊炙,使名庖呕下",不过是因为其中引载有不少已经散失的古书,还有保存的价值;否则,此书大可"不必有"。持如此态度校书刊版,势必错误百出。如把"稙谷"改为"植谷",把"大穊"改为"大概",把"西兖州"改为"昔兖州"，把"馈"改为"馈"等等，不胜枚举。这类错误是才学不济反而自以为是的结果。又如把"女曲"改为"取曲"，其实，书中对"女曲"有专项介绍。这类错误则说明改动者甚至连《齐民要术》的全文都未曾认真阅读过。对《齐民要术》引用的各类书籍，并不复核，即使常见的《诗经》、《尔雅》、《周礼》等书，也不肯翻查，依照原本因错就错。脱误的地方，往往贸然一改，连脱误的痕迹也一并泯除，使后人无从查知。因此，栾调甫教授称胡、沈等人"任情予夺，随心涂改"（见《〈齐民要术〉版本考》）。缪启愉教授称《津逮》本是"在湖湘系统中本原已不好的底子上，又遭了一次灾难，评它一个'疮痍满目'，似不为过"（见《齐民要术校释·〈齐民要术〉主要版本的流传》）。

《津逮》本之后至1804年，始有《学津讨原》本出版，中间近170年的时间，《津逮》本成了《齐民要术》流传的主要版本。其间明刊本还有华亭沈氏竹东书舍刻本，但影响不大。明刊本之中，《津逮》本质量最差，但翻印最多，以讹传讹的影响最大，甚至远及海外，日本1744年的山田罗谷刻本以及1826年仁科干的复刻本便是它的脉流。此后，1804年的《学津讨原》本，1875年的崇文书局本，1893年的《观象庐丛书》本，崇文书局石印《百子丛书》本，上海博古斋影印本，都是《津逮》本的嫡系。其中除《学津讨原》本经过审慎校勘，胜过原本外，其他本的质量都不好。

第八节　《学津讨原》本

清嘉庆九年（1804年）张海鹏刊印，据刻原本是《秘册汇函》本，由黄廷鉴校刊。张氏编入《学津讨原》丛书中，所以称《学津讨原》

本。该本每半页10行，小字双行，每行大小均21字。

明代刻本的严重错乱，至清代乾嘉间渐被重视，并开始努力纠正。黄廷鉴所校的《学津》本是第一个补正《津逮》本的若干脱误并刊行的版本。黄的校勘，在卷六以前几乎全据聚珍版《农桑辑要》，在校改错字、填补脱空、分清正文和注文的混淆、补正大段脱文和脱页方面，取得了相当的成绩。但由于《农桑辑要》的引录并不完全可靠，难免也有信而致误的地方。黄廷鉴虽已意识到这一点，认为"出于后人征引"不足凭信，但仍未能全避阙失。另外，黄的校勘没有校宋本，更无院刻本参校，故难求尽善，但"已非寻常校勘者所得伦比"（见栾调甫《〈齐民要术〉版本考》）。

第九节　崇文书局本

清光绪元年（1875年），湖北崇文书局刊印。每页24行，每行24字。从脱误之处可以推知，刻本所据原刻版是《津逮》本，而校改者又不甚通晓校书的惯例，以致因袭原错，颇多迷误。

第十节　渐西村舍本

清光绪二十二年（1896年），袁昶刊行。每半页9行，小字双行，每行大小均21字。据刻原本是湖湘本（经过吾点校勘的影写本）。校勘人是刘寿曾、刘富曾。所用校本有校宋本、《津逮》本、《学津》本，并以《农桑辑要》、王祯《农书》、徐光启《农政全书》等作参校。渐西村舍本是继《学津》本勘正明误的又一版本，据《农桑辑要》和黄丕烈校宋本等补正了湖湘本的不少脱误，是较好的清代刻本。

清代对《齐民要术》的勘正明误工作大致分两大系统:(1)对湖湘本的校勘:吾点校本——刘寿曾、刘富曾兄弟再校的渐西村舍本——丁国钧三校本——黄麓森四校“仿北宋《齐民要术》”稿本——欧阳蟾园据明抄再补校本。(2)对《秘册汇函》—《津逮秘书》本的校勘:黄廷鉴校的《学津讨原》本——黄廷鉴再校本——张定均三校本——张步瀛四校本。

上述诸人,以吾点的成绩最为显著。刘寿曾在《校刊齐民要术商例》(渐西本附载)中说:“吾氏于群书校勘颇详,有反复推勘而与宋本合者。”丁国钧也说:“吾氏于是书,用力甚深,校改各字往往冥合宋刻。”缪启愉教授称:“前后引证,反复比较……参校各书相当丰富;加上一定的学识,能够认真推勘,所以判别明决,校得比较好,旧校之中,无出其右。”正是在此基础上,刘寿曾、刘富曾校成渐西村舍这个较好的版本。但刘氏兄弟未能充分利用前人的成果,有时不相信吾点校本和校宋本,反而偏信别书,加添字句,或依违不定,正误颠倒。结果刊出的渐西村舍本也只能胜过原据湖湘本,而未能超过《学津讨原》本。二者相较,优劣不相上下。

第十一节 《观象庐丛书》本

清光绪年间吕调阳校印。每页18行,每行22字。据吕调阳说,录自汲古阁《津逮秘书》本,并说“舛误甚多……略加改正”。从校改的内容看,所据校本有校宋本、渐西村舍本,有些地方是吕氏自己补注和删改的。原书是一节录校读本,《观象庐丛书》初印版尚无此书,是以后补刻收入的。

第十二节　龙溪精舍本

1917年，唐晏、倪澄瀛校勘，郑国勋刊，收入他编集的《龙溪精舍丛书》。每页18行，每行18字。卷首题记称："用高山寺本、渐西村舍本，参《太平御览》校勘。"检阅各卷内容，可知五、八两卷是源自残宋本（即高山寺本），其余各卷与渐西村舍本大致略同。由于校勘者并不都是依照渐西村舍本，时而从《津逮》本，时而从崇文书局本，致使"存讹夺正，弃瑜录瑕，不惟远逊渐西之刻，更失校宋之真"（见栾调甫《〈齐民要术〉版本考》）。唐晏在《跋》中说卷十是据《太平御览》校勘的，并认为《太平御览》的草木两部分，原是以《齐民要术》为蓝本"顺序求之，一一可按"。这与事实不符。宋代纂修《太平御览》所本，主要是《修文御览》、《艺文类聚》、《文思博要》等书，引录《齐民要术》并不多。因此，据《太平御览》校勘，也应是形成误校的原因之一。

第十三节　《齐民要术今释》

1955年4月，中央农业部召开会议，决定责成专人整理《齐民要术》，南京农学院万国鼎教授（1897—1963）和西北农学院石声汉教授承担此事。1957年12月至1958年6月，石声汉教授（1907—1971）校释的《齐民要术今释》，由科学出版社出版，当时列为西北农学院古农学研究室丛书之一。全书分作四个分册，18开本，计976000字。底本是南宋复刻本的明抄本，用金抄及院刊等校对。将《齐民要术》原文加以标点，分条排列，逐条编写号码，以便查对校记和注解。把校勘后的校记和难读、难解以及可疑字句的注释，按照编号附在每段之后，每篇的白话释文附在该篇之后。卷首的内容提要称："《齐民要术今释》，是将《齐民要术》全文，参照多种版本，加以校勘、整理并附加标点；对难读难懂的字句，作了注解，并对原著全部用现代语解释，使读者易于了解和体会该书内容。有助于农业工作者和科学研究人员了解和承受祖国农业科学遗产，并可作为农业科学研究工作的近代理论与我国古代实践相印证的参考。"缪启愉教授认为，此书以现代农业科学知识作校勘和注释，校改合理，非任何旧校可比。不论对一般读者还是专家学者，此书均有很高的启导和借鉴价值。

第十四节　《齐民要术校释》

1982年11月，农业出版社出版，缪启愉校释。全书一册，32开本，计65.7万字。将《齐民要术》分段标点，文中分别以阿拉伯数字和汉字数码标明校记和注解的编号，以便在每篇正文后查阅；校记在前，注解在后。以两宋本为基础，利用了所有的重要版本，仅有的抄本和稿本，并参照了唐代以前引用《齐民要术》的文献。共参考23种版本，征引文献古籍289种。《齐民要术》所引他书的文句，只要原书尚存，尽量与之查对。对于异文，只列举各版本的不同，不作结论。1998年8月，该书经缪启愉修订，由中国农业出版社再版。

第三篇　农业思想

生活于公元6世纪的贾思勰，在《齐民要术》中体现的农业思想，既延续了以农为本的传统，又有着鲜明的时代特点，农产品的加工、流通与增值等经营理念，在贾思勰的农业思想中占据了重要地位。作为一名地方官吏，贾思勰提出“要在安民，富而教之”，将教民以谋生之道与富民、安民联系起来，也是极具借鉴意义的。

第一章 “田者不强，囷仓不盈”

贾思勰同他那个时代的地主阶级政治家、思想家一样，都异常注重农业生产的发展和繁荣，其思想呈现出一定的重农主义色彩。

重农思想是贾思勰农业思想的基础和出发点。在自序中，他一再强调农业生产的重要性，并引用《淮南子》中“田者不强，囷仓不盈；将相不强，功烈不成”的观点，论证农业生产确系国家强盛和社会安宁的根本。为此，他极为赞赏《管子》中的“一农不耕，民有饥者；一女不织，民有寒者”、“仓廪实，知礼节；衣食足，知荣辱”等观点，推崇李悝的“尽地力之教”和商鞅的“急耕战之赏”，认为这是富国安民的根本大计。

从农为国本这一立论出发，贾思勰把农产品作为社会财富的主要象征。他完全赞同晁错的贵粟理论：“夫珠、玉、金、银，饥不可食，寒不可衣。……粟、米、布、帛……一日不得而饥寒至。是故明君贵五谷而贱金玉。”他引用了刘陶、陈思王（曹植）等人“民可百年无货，不可一朝有饥”、“寒者不贪尺玉而思短褐，饥者不愿千金而美一食”的言论，认为这是“诚哉言乎”之论（自序）。甚至，贾思勰还引用《史记·货殖列传》中宣曲任氏趁秦末战乱之际，“豪杰皆争取金玉，任氏独窖仓粟。楚汉相拒荥阳，民不得耕，米石至数万，而豪杰金玉，尽归任氏，任氏以此起富”（卷三《杂说第三十》）的材料来佐证其财富观。可见,贾思勰财富观带有明显的重农主义色彩。

在重视农业的同时,尽管贾思勰在自序中一再申明“舍本逐末,贤哲所非”,“故商贾之事,阙而不录”,但他对有关农家的“资生之业”,又“丁宁周至”,“靡不毕书”,把农产品加工和商业流通纳入了农业经济的范畴之中,使其农业经济的概念具有大农业的色彩。

在《齐民要术》中,贾思勰大谈农产品的加工增值和商业流通获利。贾思勰不仅在《齐民要术》中重点总结了粮食作物的种植栽培经验,而且对蔬菜、果树、林木和其他经济作物的栽培进行了专门性总结和论述,对动物饲养和蚕桑生产也进行了深入的总结和探讨,同时,对酿造制曲、淀粉加工、食盐精制、染料制作、烹调技术等,也作了较详尽的记录和总结。更为重要的是,《齐民要术》中多处可见农产品出售增值问题的记载,表明贾思勰确是一个关心商业的重农主义者。在《货殖第六十二》中,贾思勰详细地摘录了《史记·货殖列传》中司马迁有关农产品进入商业流通领域而增值的言论,并对耿寿昌设立的常平仓、桑弘羊的均输政策大加称许,认为这是“益国利民,不朽之术也”(自序)。更令人注意的是,他从当时的生产实际出发,多次详谈了农产品加工与出售的比较利益。如种蔓菁:“一顷收子二百石,输与压油家,三量成米,此为收粟米六百石,亦胜谷四十顷。”(《蔓菁第十八》)再如种红蓝花:“负郭良田种一顷者,岁收绢三百匹。一顷收子二百斛,与麻子同价,既任车脂,亦堪为烛,即是直头成米。”注云:“二百石米,已当谷田;三百匹绢,超然在外。”(《种红蓝花、栀子第五十二》)对于种榆,贾思勰算了一笔更细的账:“三年春,可将荚、叶卖之。五年之后,便堪作椽。不挟者,即可斫卖。(注云:‘一根十文。’)挟者镟作独乐及盏。(注云:‘一个三文。’)十年之后,魁、椀、瓶、榼、器皿,无所不任。(注云:‘一椀七文,一魁二十,瓶、榼各直一百文也。’)十五年后,中为车毂及蒲桃缸。(注云:‘缸一口,直三百。车毂一具,直绢三匹。’)其岁岁料简剶治之功,指柴雇人——十束雇一人——无业之人,争来就作。卖柴之利,已自无赀;(注云:‘岁出万束,一束三文,则三十贯;荚叶在外也。’)况诸器物,其利十倍。(注云:‘于柴十倍,岁收三十万。’)斫后复生,不劳更种,所谓一劳永逸。能种一顷,岁收千匹。唯须一人守护,指挥,处分,既无牛、犁、种子、人功之费,不虑水、旱、风、虫之灾,比之谷田,劳逸万倍。”(《种榆、白杨第四十六》)由此,不难看出,贾思勰不愧为精打细算的行家里手,他的农本思想是在极力主张发展农业生产的前提下,肯定农产品进入流通领域获利的。

这样,贾思勰就不可避免地加入到积极推销农产品,尤其是大宗粮食经销,以求逐利的活动中去。在《齐民要术》中,贾思勰引述了崔寔在《四民月令》中提出的出售农产品,主要是以粮食出售为主的卖出买进设想,主张低价购进,高价出售,在贱买贵卖中获取商业利润。而且,他还引证了鲁秋胡、师旷等人的预测谷价方法,确定了“力田不如逢年,丰年尤宜多籴”、“粟米春夏贵去年秋冬什七,到夏复贵秋冬什九者,是阳道之极也,急粜之勿留,留则太贱”(《杂说第三十》)的籴入粜出原则,以追求交换价值的财富增值。这表明贾思勰的身上已经带有地主兼商人的气息。

农业经济发展到南北朝时期,商品粮产区已在中国某些地区形成,“荆扬二州”,“一岁或稔,则数郡而忘饥”(《宋书·孔季恭传》);粮食流通,“从江以南,千斛为货”(《宋书·周朗传》)。这表明,农业生产的发展已经为其产品进入流通领域开辟了道路,也为贾思勰独特的农本思想的形成奠定了基础。汉武帝以前的重农主义者，大都主张排斥商业经济以发展农业生产，唯司马迁及《管子》的作者等人，才提倡在极力发展农业生产的前提下以求商业经济的活跃。贾思勰的农本思想，实际上是司马迁和《管子》作者思想的进一步发挥和运用，是当时农业商品经济成分发展的一种客观反映。

第二章 “要在安民，富而教之”

“要在安民，富而教之”，既是贾思勰之所以著述《齐民要术》的目的和指导思想，也体现了他的农业思想的另一个方面，是他作为封建官吏为政之道的具体反映和体现。

当然，贾思勰所谈的“齐民”是有一定的局限性的。虽然“齐民”一词的含义本于《史记》“齐民无盖藏”之语，但就书中所说“齐民”而言，并非是指一般的老百姓，而是有着众多生产资料的富有之家。贾思勰所谈“齐民要术”，并非是一般农民的谋生之道，而主要是富有之家的致富之经。

不过，又不能不看到，贾思勰毕竟是一个官至太守的封建官吏。从维护地主阶级政权的目的出发，他非常注重正常社会秩序的维护，主张为政之道“要在安民，富而教之”（自序）。这样，就使他的农为国本思想得到了深化，从而建立起一个教授农民生产技术，发展农业生产，农家富则社会安，社会安则国家盛的经济思想逻辑。因此，在《齐民要术》的《种谷第三》、《种芋第十六》中，贾思勰也一再提到“少地之家所宜遵用”、“救饥馑，度凶年”、“土功之时，一劳永逸，亦贫家之宝”等，指导一般农民家庭，起码是自耕农发展农业生产，从而使他的“要在安民，富而教之”的观点带有了一定的积极意义。

为达到“富而教之”的目的，贾思勰在自序中提出应该切实强化国家在农业管理方面的职能。他认为："家犹国，国犹家，是以'家贫则思良妻，国乱则思良相'，其义一也。"他痛斥腐朽堕落的王公贵族对农事不闻不问，"既饱而后轻食，既暖而后轻衣"，指出由于他们挥霍无度，"加以政令失所"，从而造成灾荒连年。贾思勰异常推崇劝课农桑卓有成绩的地方官员，并把他们作为"要在安民，富而教之"的楷模。他指出，诸如"神农为耒耜，以利天下；尧命四子，敬授民时"，以及李悝的"尽地力之教"、商鞅的"急耕战之赏"等，都属于农为国家"政首"的充分体现。他列举了前代赵过、任延、王景、皇甫隆、茨充、崔寔、龚遂、召信臣、颜裴、杜畿等劝课农桑的地方官吏的政绩，指出了教民农稼在安民富民中的重要性。贾思勰认为，各级官吏都应有诸如"神农憔悴，尧瘦臞，舜黧黑，禹胼胝"的以身作则精神，从而得出了"自天子以下，至于庶人，四肢不勤，思虑不用，而事治求赡者，未之闻也"的结论，充分体现了一个有作为的地方官吏的进取精神。

贾思勰将自己"富而教之"的一片苦心，完全融化在《齐民要术》整部著作之中。他不仅系统地论述和总结了从大田粮食作物种植到蔬菜、果林栽培，再到家畜家禽饲养和农副产品加工、销售的全部内容，将一整套农家多种经营的宏伟规划纳入《齐民要术》的构思中，而且对每项经营都进行三番五次的对比，以求为农家寻找最佳经营方案。他认为，实现最佳农作效益的总原则是："顺天时，量地利，则用力少而成功多。任情返道，劳而无获。"（《种谷第三》）这就是说，在农业生产中，人们必须在遵循客观规律的前提下去发挥主观能动作用，因地制宜地进行农业活动，才能确保农产丰收。这种观点，看到了人与自然、农作物与自然、人与农作物之间应有的关系，把强调人的因素放到了一个较为科学的高度上。

第三章 “人生在勤，勤则不匮”

在《齐民要术》中，贾思勰多次提到了“勤”、“谨”、“力”、“功”等概念，并结合具体条件深入分析了这些概念之间的联系及其与农业经济之间的关系，这是贾思勰农业思想的又一个方面。

在贾思勰看来，农业是提供社会财富的主要经济部门，而农业所提供的一切社会财富都是由劳动创造的。在自序中，他引用《仲长子》的话说：“天为之时，而我不农，谷亦不可得而取之。”又引用《谯子》的话说：“朝发而夕异宿，勤则菜盈倾筐。且苟无羽毛，不织不衣；不能茹草饮水，不耕不食。安可以不自力哉？”因此，他非常赞同“人生在勤，勤则不匮”、“力能胜贫，谨能胜祸”的观点，明确提出：“勤力可以不贫，谨身可以避祸。”这清楚地表明了贾思勰对劳动的重视程度，说明他已经具有朦胧的“劳动为财富之源”的观念。

贾思勰所主张的“勤”，并不是单对劳动者而言的，而是提倡包括统治者在内的全体社会成员的“勤”。在自序中，他援引了“神农憔悴，尧瘦癯，舜黧黑，禹胼胝”等事例，又列举了任延、王景、皇甫隆、茨充、黄霸、龚遂等在“安民”方面的辛勤，从而得出结论：虽然“稼穑之艰难”，但“丛林之下，为仓庾之坻；鱼鳖之堀，为耕稼之场者，此君长所用心也。是以太公封而斥卤播嘉谷，郑、白成而关中无饥年”，“自天子以下，至于庶人，四肢不勤，思虑不用，而事治求赡者,未之闻也”。这种主张全体社会成员勤奋劳作以创造农业繁荣的观点,在中国古代是不多见的。

贾思勰所说的“谨”,主要是指节俭和精打细算。他在自序中引用《管子》的话说:“桀有天下而用不足,汤有七十二里而用有余,天非独为汤雨菽粟也。”为此,贾思勰强调“用之以节”。他注意到,用之无节会对民生带来严重的影响。他说:“夫财货之生,既艰难矣,用之又无节;凡人之性,好懒惰矣,率之又不笃;加以政令失所,水旱为灾,一谷不登,胔腐相继:古今同患,所不能止也,嗟乎!且饥者有过甚之愿,渴者有兼量之情。既饱而后轻食,既暖而后轻衣。或由年谷丰穰,而忽于蓄积;或由布帛优赡,而轻于施与:穷窘之来,所由有渐。”如此多因素全方位分析节俭的影响,为《齐民要术》正文中有关各种“资生之业”的利益比较奠定了坚实的理论基础。

贾思勰所谈到的“力”,主要是指劳动者所付出的体力劳动,而“功”则指各种农业生产活动所取得的劳动成果。为取得最佳经济效益,贾思勰从农业经营“顺天时,量地利,则用力少而成功多。任情返道,劳而无获”(《种谷第三》)的总原则出发,主张“多恶不如少善”(《种谷第三》),提倡走小面积集约种植的道路。中国的传统农业生产,其精髓即在于用地与养地相结合,集约经营,努力提高单位面积产量。在魏晋南北朝之际,中国已进入了北方旱作农业传统生产技术的定型期,贾思勰所提倡的小面积集约种植方式,正是这种技术走向定型的一种反映。

为适应精耕细作传统农业技术的需要,贾思勰既强调“用力少而得谷多”(《种谷第三》)式的效益性劳动投入,又提倡“锄不厌数,周而复始”(《种谷第三》)式的积极性劳动支出。看来矛盾的劳动投入,实际上很符合中国传统旱作农业的生产需求。所谓“用力少而得谷多”式的效益性劳动投入，是针对整个农业生产过程中的劳动支出与产品效益相对比而言的；而“锄不厌数，周而复始”式的积极性劳动支出，则是为“起地”，即劳动对于土壤性能的改良作用而言的。主张用深耕细耙的方式去提高土地的抗旱能力和肥沃程度，即所谓“再劳地熟，旱亦保泽”（《耕田第一》），充分体现了中国传统农业的精髓。

第四篇　科学技术成就

贾思勰作为中国古代著名的农业科学家，对农业科学技术的发展作出了杰出的贡献。他通过《齐民要术》的撰著，系统地总结了公元6世纪前中国北方农业、畜牧业、农副产品加工业的技术成就，对中国传统农业的发展产生了深远的影响，并据此在世界科技史上占据了一席之地。

第一章　农业技术成就

第一节　抗旱保墒技术

黄河中下游是个春季干旱少雨又多风的地区，贾思勰指出这个地区的特点，就是“春多风旱”。而这时正是春播季节，种子发芽需要大量的水分。这种气候条件，对春播是十分不利的。解决这个问题，在当时仅有两条路可走：在有灌溉条件的地区，可兴修水利，充分利用水源；而在灌溉条件比较差的地区，只有依赖土壤中的水分。因此在黄河中下游地区如何保持土壤中的水分，以满足作物发芽、生长的需要，便成为影响这一地区农业生产发展的决定因素。

贾思勰在《齐民要术》中总结了以往农业生产的经验，提出了耕、耙、耱抗旱保墒的措施。即利用深耕提高土壤的蓄水能力，再利用耙、耱整平地面，切断土壤毛细管，以减少水分的蒸发，使水分尽可能多地蓄在土壤里以备春播，这是土壤耕作上一项十分了不起的成就。用这种方法，既达到了整地的目的，又起到了抗旱保墒的作用。虽然贾思勰并不了解其中的科学道理，但他凭借丰富的经验巧妙地解决了由于春旱带来的难于播种的问题。

为了提高耕、耙、耱的抗旱保墒效果，在操作上贾思勰提出的具体措施是：

第一，耕地的适期应以土壤的墒情为准。他指出："凡耕高下田，不问春秋，必须燥湿得所为佳。"(《耕田第一》)所谓"燥湿得所"，就是指土壤不太干，也不太湿，水分适中之时。这时土壤的耕性好，耕地省力，而且耕地的质量也高。如果水旱不调，耕地就要坚持"宁燥不湿"的原则，即要燥耕不要湿耕，因为"燥耕虽块，一经得雨，地则粉解。湿耕坚垎，数年不佳"。意思是燥耕虽然容易耕起土块，但一经雨淋，土块就自行粉解，湿耕则不然，它容易形成僵块，破坏耕性，造成跑墒，几年都长不好庄稼。因此，贾思勰在书中说："谚曰：'湿耕泽锄，不如归去。'言无益而有损。"

第二，耕地的深浅，应根据不同的耕作时期而定。贾思勰说，首先应掌握"初耕欲深，转地欲浅"的原则，因为"耕不深，地不熟；转不浅，动生土也"。其次还应掌握"秋耕欲深，春夏欲浅"的原则。因为黄河中下游地区到秋季，庄稼已经收获，深耕有利于接纳雨水和冬雪，也有利于冻融风化土壤。而春夏之季，正值黄河流域的旱季，气温渐高，水分蒸发量也大，深耕动了生土，就会因生熟不调和而造成跑墒，影响播种和发芽。

第三，耕后耙耱，平地保墒。贾思勰说："春既多风，若不寻劳，地必虚燥。"意思是，耕后如不及时耙耱，必然会引起跑墒。因此，他说："谚曰：'耕而不劳，不如作暴。'"(《耕田第一》)耕后不耙耱，不如不耕，让它晒着好，以免造成跑墒。贾思勰又说，耕后耙耱，也要视季节而异，应掌握"春耕寻手劳，秋耕待白背劳"的原则。所谓"白背劳"，是指等地块背晒白以后再耙耱，这是因为秋天多雨地湿，不等地块晒白后耙耱，就会将土壤压实，造成耕地发僵。

这里要指出的是，耕耙耱的整地技术，并不是贾思勰首先发明的，在1972年甘肃嘉峪关出土的魏晋墓壁画中，已有耙耱的图像。贾思勰的贡献是充分肯定了耙耱的抗旱保墒作用，并系统地总结了耕耙耱抗旱保墒的技术经验，从而为黄河流域的土壤耕作指明了方向和奠定了基础。时至今日，这套方法仍流行于中国北方干旱和半干旱地区，成为当地抗旱夺丰收必不可少的技术措施。

第二节 绿肥轮作技术

中国利用绿肥的历史很早，战国时已认识到夏季沤制野生绿肥可以起到"粪田畴、美土疆"的作用。汉代已有意识地"稀埋青草"作肥料。至晋代已使用栽培绿肥，种植苕子作肥料。但充分肯定绿肥的肥田作用并有意识地将它安排在轮作之中，则是贾思勰的功绩，这种办法当时称之为"美田之法"。

北魏时期，中国北方使用的绿肥主要有绿豆、小豆、胡麻（芝麻）等几种。生产上，既用于大田，如绿肥与谷子轮作，也用于蔬菜栽培，如绿肥与葵、葱、瓜等轮作。

贾思勰认为，绿肥参加轮作，能起多方面的作用。第一，肥效高。他在《耕田第一》中说，"其美与蚕矢、熟粪同"；在《种葵第十七》中说，绿豆掩青作肥料，"良美与粪不殊，又省功力"。第二，能提高产量。他在《耕田篇》中说，用绿豆、小豆、胡麻等作肥料种谷子，能"亩收十石"，比当时谷子的一般产量提高3倍。

贾思勰对绿肥轮作经验的总结，为轮作制增添了新内容，并为提高地力开辟了一条新途径，使中国的养用结合、以田养田的优良农业技术又有了新的发展。

第三节 种子保纯技术

在大田生产中，由于自然的和人为的因素常常造成种子混杂，贾思勰当时已深刻认识到混杂的危害。他在《收种第二》中说：“凡五谷种子，浥郁则不生，生者亦寻死。种杂者，禾则早晚不均，舂复减而难熟，粜卖以杂糅见疵，炊爨失生熟之节：所以特宜存意，不可徒然。”意思是说，作物的种子，如果受潮和遭闷热后，就不会发芽，即使长了芽，也会随即死去。种子混杂，庄稼成熟就不会一致，加工时出米率不高，而且也不容易治精，出售时，因为混杂难看而不受欢迎，煮饭时也不易掌握火候，容易夹生夹熟。因此，对种子的防杂保纯要特别注意，不可随随便便。

针对这一情况，贾思勰提出了一套防杂保纯措施。他在《收种第二》中继续说：“粟、黍、穄、粱、秫，常岁岁别收：选好穗纯色者，劁刈高悬之。至春治取，别种，以拟明年种子。”“其别种种子，常须加锄。先治而别埋，还以所治蘘草蔽窖。”“将种前二十许日，开出，水淘，即晒令燥，种之。”这些话包括了种子选择、种子管理等方面的内容。“常岁岁别收：选好穗纯色者”，即每年都要采用穗选法选种，选颜色纯正的穗子作种。“至春治取，别种”，即开春后，混合脱粒，单独种植。“其别种种子，常须加锄”，对单独种开的种子，要加强田间管理，多中耕除草。“先治而别埋”，要最先脱粒，单独贮藏。“还以所治蘘草蔽窖”，要用种子自身的稿秸来遮盖贮藏种子的地窖。“将种前二十日许，开出，水淘”，临种前20多天，将种子从地窖中取出来水选。

可见贾思勰提出的防杂保纯措施是十分严密的。从种子的选取到种子的脱粒、保管直到播种，每个环节都严密把关，以防混杂。其中的“别收”、“别种”，相当于现在留种田的措施，是贾思勰提出的一项创造性的技术措施，从此，大田作物种子的防杂保纯，找到了一条简单而有效的途径。

第四节　果树嫁接技术

中国的嫁接技术最初出现于汉代，据西汉《氾胜之书》记载，当时嫁接已用于蔬菜上，用的是一种靠接法。到北魏时，中国的嫁接术已从蔬菜发展到果树，方法上也从靠接发展到皮下接和劈接。有关果树的嫁接，首先是由贾思勰在《齐民要术》中记载下来的。

嫁接，贾思勰称之为“插”，他认为果树使用插的方法繁殖，能收到“插者弥疾”的效果，即能提早结果。贾思勰总结了当时果树嫁接的丰富经验，将中国的嫁接技术提高到了一个新的水平。在《插梨第三十七》中，贾思勰以梨树为例，对此作了详细的记载。

关于梨树砧木的选择，贾思勰在书中指出，应选择棠树和杜树。用棠树做砧木，梨长得大而且肉质细，其次是用杜树、桑树做砧木，但果实品质差。用杜树作砧木，应当先种杜，一年后才能用。粗壮的杜树可以插5个接穗，小的可以插3枝或2枝。梨、棠、杜都是蔷薇科植物，亲缘相近，嫁接容易成活，贾思勰虽然在当时还不懂得亲缘的道理，但已观察到梨、棠、杜嫁接容易成活的现象。

关于嫁接时期，贾思勰在书中指出以“梨叶微动为上时，将欲开莩为下时”，即以梨的叶芽将要开放时为最好，最迟不能过梨树快要开花的时候，因为这时树液流动，嫁接最易成活，表明当时已掌握了嫁接的最佳时期。

贾思勰还就梨树嫁接的方法，作了十分细致的介绍。他说嫁接时先要用麻丝在树桩上缠十多道，在离地五六寸高处，将杜树锯断。不先缠麻的话，插时树皮容易绽裂；树桩留得太高，遇上大风，接穗处易绽裂，可留得稍高一些，梨树成活会早些。但树桩要用草袋围着，里面用土填满，直到把桩遮没。刮风时，要用竹笼将树围住，以防披裂。

再拿竹片斜削成竹签子，刺入砧木的树皮和木质部之间，深约一寸多。然后在好梨树上折取枝条作接穗，长五六寸，枝条要选用向阳的，用背阴的枝条结果少，折取的枝条要削成过心的斜尖，大小长短和竹签一样，用刀在斜面上轻轻划一圈，刮去黑色表皮，切不可伤绿皮，伤了绿皮，就会死去。然后拔去竹签，插上梨枝，一直插到刀刻的圈为止，让梨枝的斜面贴上砧木的木质部，树皮的一面和砧木的树皮紧紧相连。插好后，用丝绵将杜树裹严，上面封上熟泥，再用土掩盖，只让梨枝露出头，再在梨枝上浇水，水吸尽了，再盖些土，不要使土干涸发硬。这样，梨树嫁接的成活率可达到百分之百。这段详细的记载，反映了贾思勰娴熟的嫁接技术和当时嫁接成活率之高。

贾思勰在书中还指出，接穗枝条生着部位的不同，对结果的迟早有着极大的影响。“用根蒂小枝，树形可喜，五年方结子；鸠脚老枝，三年即结子，而树丑。”根蒂小枝，是指生长不充实的徒长枝，用这种枝条作接穗，将来树形虽然长得好看可爱，但要五年后才能结果。鸠脚老枝，是分叉像斑鸠脚的老枝条，这是一种已生长充实的结果树，用这种枝条作接穗，虽然树形长得不美观，但三年就可以结果。说明此时中国已懂得利用多年生果树发育年龄的阶段性，用嫁接的措施来促进果木提前开花结果了。

贾思勰还指出，梨树嫁接，除用棠、杜作砧木外，亦可用桑、枣、石榴等不同科的树木作砧木。枣树和石榴树上结得的是上等好梨，并能达到“虽治十，收得一、二”的效果，即有10%—20%的成活率，说明此时中国已开始掌握远缘嫁接技术，并有了成功的记载。

上述事例说明，贾思勰在果树嫁接方面，已具有相当高的技术水平。

第五节　坐果技术

在中国园艺发展史上，最早使用人工措施提高果树坐果率的，当推贾思勰。他在讲到枣、李、林檎等果树的栽培时，一再提到这种方法——嫁树法。

《种枣第三十三》：“正月一日日出时，反斧斑驳椎之，名曰‘嫁枣’。不椎则花而无实；斫则子萎而落也。”

《种李第三十五》：“嫁李法：正月一日，或十五日，以砖石着李树歧中，令实繁。”

《柰、林檎第三十九》：“林檎树以正月、二月中，翻斧斑驳椎之，则饶子。”

从以上的记载中可以看出，嫁树的方法有两种：一种是用斧背敲打树干，这种方法应用于枣和林檎等果树；另一种是将砖石放在树杈中，主要用于李树。嫁树的目的，是为了使韧皮部局部受伤，以阻止部分光合作用所产生的有机物质向下输送，使较多的有机物分配给上部的枝条，以利于形成花芽，提高坐果率。其所以不能用刀去砍，是因为这样做，伤害太重，会引起嫩果萎缩脱落。李树不用斧背敲打，而采用压石，是因为李树皮受伤后，容易流胶而导致病虫害。现代园艺采用的"环剥"技术,实际就是从嫁树法发展演变而来的,方法虽然各异,原理却完全相同。

贾思勰提出的用嫁树法提高果树坐果率的技术，现在仍流行于山东、河南、河北等省的一些小枣产区。但如果只依赖嫁树法来增加产量,而不增施肥水,就会削弱树势,有损果树寿命。

第二章　畜牧业技术成就

第一节　相畜术

相畜术，即现代的家畜外形鉴定，是从家畜外形鉴定其优劣的一种方法。中国在春秋战国时已有相畜术，当时的伯乐、九方皋都是著名的相马专家。到北魏时，相畜术有了新的发展。贾思勰总结了这方面的经验，将中国的相畜术发展到了一个新的水平。

一、关于“筋马”和“肉马”的相法

筋马类似于现代干燥型的骑乘种，是良好的战马；肉马类似于现代结实型的乘挽兼用种，是良好的役用马。贾思勰在《齐民要术》中，对此提出了一个简要的鉴别原则：“望之大，就之小，筋马也；望之小，就之大，肉马也：皆可乘致。”（《养牛、马、驴、骡第五十六》）“望”，是指站在距马较远的地方观察；“就”，是指就近察看马体。筋马作为骑乘马，体型及鬐甲较高，特别是马头，常常呈昂着远眺的姿态，从侧面看去，给人以“望之大”的印象；肉马的体型及鬐甲较矮，马头重垂，从侧面看去，给人以“望之小”的感觉。近看时，由于筋马的头较小，头颈较细，皮薄，胸围较窄，给人以“就之

小”的印象；肉马头大，颈粗短，胸围较宽，给人以“就之大”的感觉。

二、关于马匹优劣的鉴定

贾思勰说，马匹鉴定，首先要去除劣马，凡具有“三羸”、“五驽”特征的，都是劣马，应在首先淘汰之列。他说：“凡相马之法，先除‘三羸’、‘五驽’，乃相其余。”所谓“三羸”，是指大头小颈、弱脊大腹、小胫大蹄；所谓“五驽”，是指大头缓耳、长颈不折、短上长下、大髂短胁、浅髋薄髀。

贾思勰所说的“羸”，是指羸弱无力的马，所说的“驽”，是指迟钝少力的马。这些都是严重失格，没有经济价值的马。

“三羸”之所以失格，是因为：“大头小颈”，马体的重心前移，跑不快，容易摔倒；“弱脊大腹”是腰陷，腹大无力，既缺乏耐力，又速度不快；“小胫大蹄”是胫骨太细，造成前肢的负重增加，大蹄造成步伐沉重，致使马匹的负重力和支持力减弱，难以提高速度。

“五驽”之所以失格，是因为：“大头缓耳”是神经反应缓慢的表现；良马的颈，弯如鸡鸣，颈肌有力而且姿势优美，“长颈不折”是颈细长不弯曲，是失格的表现；“短上长下”是躯体与四肢的比例不相称；“大髂短胁”是躯体发育前后不相称；“浅髋薄髀”是后肢骨骼和肌肉发育不良的表现。

可见“三羸”、“五驽”都是有严重缺陷的马的特征，这类马不论用于乘骑，还是用来负重，都是不合格的。在给大群马作外形鉴定时，应首先把这些有严重缺陷的马淘汰，再给其余的马匹作全面细致的鉴定。

三、关于马匹鉴定的重要部位

贾思勰认为，鉴定一匹马，重要的是要观察头、目、脊、腹、四肢等部位，其标准是："马：头为王，欲得方；目为丞相，欲得光；脊为将军，欲得强；腹胁为城郭，欲得张；四下为令，欲得长。"意思是：马体中，头的重要性好比国王，要长得正直而有棱角；马眼重要如丞相，目光要明亮、清澈；背脊如将军，要坚强有力能负重；胸腹像城墙，要充实鼓出；四肢如县令，要修长。这五句话指出了外形鉴定时马匹的重要部位及其重要程度，形象而又通俗，为马匹的鉴定提出了一个简明的鉴别原则。

四、"相马五脏法"——关于马体外形与内部器官关系的鉴定方法

贾思勰认为，马匹的优劣和其内部器官有密切关系，而内部器官的状况又可以从马体的外形中得到反映，因而提出了一个由表及里的"相马五脏法"。其内容是："肝欲得小；耳小则肝小，肝小则识人意。肺欲得大；鼻大则肺大，肺大则能奔。心欲得大；目大则心大，心大则猛利不惊，目四满则朝暮健。肾欲得小。肠欲得厚且长，肠厚则腹下广方而平。脾欲得小；膁腹小则脾小，脾小则易养。"意思是：马的肝要小，耳朵小的肝就小，肝小懂人意；肺要大，鼻大肺就大，肺大就能奔跑；心要大，眼睛大的心就大，心大，突然受到刺激也不会惊慌，眼神饱满，可朝暮健步走；外肾要小；肠要厚而长，肠厚，肚皮下广方而平；脾要小，膁窝小的脾也小，脾小容易驯养。

从现代生理解剖学来看，肺大和"能奔"之间的关系是比较明显的。肺是气体交换部位，肺活量大利于奔跑。至于肝、耳和"识人

意”之间，心、目和“猛利不惊”之间，脾、膁腹和“易养”之间，看不出有什么直接的相关性。这可能是当时还未搞清楚神经中枢的作用，误将高级神经活动和心、肝等联系起来了。

但是，相马五脏法的意义，并不在于具体对某一部位的相法，而是它反映了距今1400多年前的农学家已注意到体表外貌和内部器官之间、结构与功能之间的相关性，已注意到由表面联系到内部来推断马的生产性能，这种由表及里的相法，是朴素的辩证法思想在相畜术上的反映。

第二节　仔猪掐尾和索笼蒸猪技术

在生猪饲养方面，贾思勰在《齐民要术》中提出了两个新技术，一是仔猪掐尾，二是索笼蒸猪。

仔猪阉割，易得破伤风而造成死亡。贾思勰通过观察与研究，终于发现了仔猪阉割容易得破伤风的原因，主要是猪尾巴在作怪，是它将破伤风菌传染到创口，由此发明了仔猪掐尾防破伤风的技术。

贾思勰在书中说：“凡犍猪死者，皆尾风所致耳。”(《养猪第五十八》)“犍”，就是阉割；“风”，指破伤风；“尾风”，指尾巴靠近造成伤口破伤风菌感染。据此，贾思勰提出：“其子三日便掐尾，六十日后犍。三日掐尾，则不畏风。”意思是说，小猪生下来3天就截去尾尖；60天后进行阉割。因为生下后三天截去尾尖，就不怕感染破伤风了。破伤风菌的发现是近代的事，但贾思勰在当时已知道有“风”，并提出在阉割时如何预防破伤风的办法，这在当时来说，确是一项很了不起的成就。

贾思勰在《齐民要术》中还记载了索笼蒸猪技术：“十一、十二月生子豚，一宿，蒸之。蒸法：索笼盛豚，着甑中，微火蒸之，汗出便罢。不蒸则脑冻不合，不出旬便死。所以然者，豚性脑少，寒盛则不能自暖，故须暖气助之。”(《养猪第五十八》)意思是说，十一月、十二月出生的小猪，过一夜后，便要用水蒸。蒸法是：用绳索编成笼，将小猪放在里面，放在甑内用小火蒸，出汗后就停蒸。不蒸，脑会受冻，囟门长不严密，到不了10天就会死去，其所以会如此，是因为小猪脑小，太冷时，自己不会调节增暖，所以要用暖气帮忙。现代科学认为，寒月出生的小猪，神经中枢缺乏体温调节机能，故须以微火增温，以防冻死。这和现在北方有些农村采用炕育或箱育，道理是相通的。

第三节　关于马驴杂交的记载

马驴杂交是种远缘杂交，其所生的骡，在战国时已见记载。但有关马驴杂交的技术，则是由贾思勰首先记载下来的。他在《养牛、马、驴、骡第五十六》中说：“骡：驴覆马生骡，则准常。”意思是骡是公驴母马杂交而生的，是通常的杂交方法。但也有用公马同母驴杂交的。“以马覆驴，所生骡者，形容壮大，弥复胜马。”用公马母驴杂交所生的骡，身体强壮，形体高大，比马还好。这一记载，指出了两个不同种的杂交，可以产生强大的杂种优势。

配种的原则是：“必选七八岁草驴，骨目正大者：母长则受驹，父大则子壮。”母驴要选七八岁，骨盆大，体质好的。因为母畜年龄大，生长发育已经成熟，容易受胎，公畜大的，子代必定强壮。这又揭示了亲本对子代有遗传性，亲本强壮、子代必然优良的规律。

最后，贾思勰又指出：“草骡不产，产无不死。”即远缘杂交的后代具有不育性，它所生的子代，都难以成活。

贾思勰的这些认识,都是超越前代的,充分反映了北魏时期中国在家畜远缘杂交上所取得的成就。

第四节 肥育技术

北魏以前,中国主要采用多喂精料,提高饲料适口性措施来催肥,主要肥育对象是猪。到北魏时,肥育技术有了新发展。对此,贾思勰在《齐民要术》中作了系统的总结。

在猪的肥育方面,出现了限制运动和阉割等措施。

贾思勰说, 养猪 "圈不厌小","圈小则肥疾"(《养猪第五十八》)。圈小,猪的活动范围小,消耗少,积累多,故长得快。

又说:"犍者,骨细肉多;不犍者,骨粗肉少。"即阉割猪,可以改造肉质,增加出肉率。阉割最初的目的,是为了改变牲畜的性情,或是为了防止劣种的传代。一般来说,阉割后的牲畜,性情比较温和,猪的阉割肥育,正是对这一点的巧妙利用,并取得了良好的效果。

对于小猪的肥育,则采取了另一种措施。贾思勰在书中说:"愁其不肥——共母同圈,粟豆难足——宜埋车轮为食场,散粟豆于内,小豚足食,出入自由,则肥速。"(《养猪第五十八》)意思是说,小猪长不肥大,是因为母子同圈,母猪争食,小猪吃不饱的缘故。解决的办法是:在圈内放一个大车的轮子,将一半埋入土中,围成一个小食场,里面放置粟、豆等饲料。这样,小猪能自由出入,易吃饱,同时又防止了母猪进入食场争食。这可以说是一个构思绝妙的措施,而用的只是个大车轮子。

除猪以外,当时还将肥育技术扩展到家禽。贾思勰在《养鸡第五十九》中说:"其供食者,又别作墙匡,蒸小麦饲之,三七日便肥大矣。”意思是，供食用的鸡，要另作一个墙框，将鸡关在里面，限制它的活动，并将小麦蒸熟饲喂以利于它消化、吸收。20多天后，便长肥了。这是限制运动的肥育方法在养鸡方面的运用。后世的栈鸡肥育、栈鹅肥育技术就是由此发展而来的。

第三章　农副产品加工技术成就

第一节　果蔬保鲜技术

新鲜水果、蔬菜,含水分多,容易腐烂;晒成果干、菜干,虽然可以延长保藏时间,却失掉了原有风味。因此,新鲜水果、蔬菜的贮藏,长期以来都是一个悬而未决的难题。北魏时,贾思勰对此提出了一个解决方案,从而使果蔬保鲜的难题有了新的突破。

贾思勰提出的果蔬保鲜技术有两种:一是窖藏保鲜,一是沙藏保鲜。

窖藏保鲜是利用北方土层深厚、地下水位低的特点而采取的一个措施,它既可防冻,又可防渍,从而保证了新鲜果蔬在北方安全过冬。

其中蔬菜的窖藏保鲜方法是:"九月、十月中,于墙南日阳中掘作坑,深四五尺。取杂菜,种别布之,一行菜,一行土,去坎一尺许,便止。以穰厚覆之,得经冬。须即取,粲然与夏菜不殊。"(《作菹、藏生菜法第八十八》)意思是:九月、十月间,在朝南向阳的墙根下,掘一地窖,深四五尺,然后将各种鲜菜分门别类地铺在窖内,一层菜,一层土,铺到离窖口一尺处为止,上面再厚厚地盖上一层黍穰,便可安全过冬。需要时可随时取出，新鲜程度和夏季的菜没有什么区别。

窖藏保鲜也用于藏水果，主要品种是梨和葡萄。梨的窖藏和菜的窖藏办法大体相同，不同的地方是窖底“无令润湿”，即要保持干燥，以防霉烂；梨子堆放在窖内后，窖口“不须覆盖”，梨上亦不须覆泥。此外，摘梨时要仔细，不能将梨碰伤。

葡萄的窖藏又与梨子不同。葡萄是浆果，不能挤压，所以不能像梨子那样堆放，只能改用别的贮藏方法，其办法是：“极熟时，全房折取。于屋下作荫坑，坑内近地凿壁为孔，插枝于孔中，还筑孔使坚，屋子置土覆之，经冬不异也。”（《种桃柰第三十四》）意思是：葡萄完全成熟时，整串摘下，在屋下挖一个不见光的地窖，近底的窖壁上打上孔，将葡萄枝插入，再用泥堵实。窖口再封上土，葡萄经冬不坏。这样处理后，就防止了葡萄的挤压，保证了它的安全贮藏。

沙藏保鲜，是利用沙粒既保温又透气的特点而发明的一种保鲜技术，主要用于板栗贮藏。其方法是：“着器中；晒细沙可燥，以盆覆之。至后年二月，皆生芽而不虫者也。”（《种栗第三十八》）意思是：将板栗藏在容器中，上面盖上晒干的细沙，再覆上盆，到第二年二月，板栗虽已发芽，但不会有虫蛀。不过这种板栗只宜作种，不宜食用了。

贾思勰提出的这些保鲜办法，至今在中国农村中还有应用。

第二节　腌渍技术

贾思勰在《齐民要术》中还提到过酢菹、糟渍、杬子（盐鸭蛋）等加工工艺，都是未见于以前文献记载的一些腌渍技术，说明到北魏时期中国的腌渍技术又有了新发展。

酢菹是一种无盐酸渍的加工方法，具体的加工方法和过程，据《齐民要术》记载是："三石瓮。用米一斗，捣，搅取汁三升；煮滓作三升粥。令内菜瓮中，辄以生渍汁及粥灌之。一宿，以青蒿、薤白各一行，作麻沸汤浇之，便成。"(《作菹、藏生菜法第八十八》)即用一只容量三石的瓮，内放米一斗，和水捣碎，取得三升汁，将剩余的米滓再煮三升粥。将菜放入瓮中，把生米汁及煮好的粥浇上，过一晚，再用青蒿、薤白各一半煮成滚汤浇上，便成了。

中国古代的酸渍工艺有两种：一种是放盐的，制成品就是腌菜，当时称为菹，这种方法出现在先秦时代；另一种是不放盐的，只用米汤，即上文所说的"以生渍汁及粥灌之"。米汤中含有大量的淀粉，能促使酵母菌和乳酸菌发酵，产生酒精和乳酸，从而将菜腌成酸菜。这种加工工艺首先由《齐民要术》记载下来，并成了今日泡菜的开端。至于文中提到腌制时要加青蒿和薤白，这仅是古人的一种饮食习惯，并非蔬菜酸渍非加这两种植物不可。

糟渍是利用酒糟腌制蔬菜的一种加工方法。由于糟中含有酒精，具有杀菌的能力，故糟渍蔬菜，既能延长保存时间，又带有特殊的酒香味。这种加工方法也是由《齐民要术》首先记载下来的，当时主要用于腌越瓜(即菜瓜)，加工的方法是："盐揩数遍，日曝令皱"，即先用盐将瓜擦几遍，在太阳中晒到皮发皱；"取四月白酒糟盐和，藏之"，用四月里的白酒糟同盐拌和，把瓜腌在里面；"数日，又过着大酒糟中"，几天后，将瓜再放到大曲酒的酒糟中；"盐、蜜、女曲和糟，又藏泥缸中，唯久佳"，再把盐、蜜、女曲同糟拌和，放入缸中，上面用泥封口，存放的时间越长越好。

杬子，即盐鸭蛋。它是中国最早的禽蛋加工制成品，因古代腌鸭蛋时要加进杬木皮煮成的汁而得名。有关这方面的记载，也以《齐民要术》为最早。

《齐民要术》记其腌制方法是："取杬木皮，净洗细茎，剉，煮取汁。率二斗，及热下盐一升和之。汁极冷，内瓮中，汁热，卵则致败，不堪久停。浸鸭子。一月任食。"(《养鹅、鸭第六十》)其技术要领是：杬木皮煮汁后要趁热放盐，以加速其融化；大致二斗汁，趁热和入一升盐；等盐水凉透后再放鸭蛋，不然，容易造成鸭蛋变质；腌制的时间约为一个月。

第三节　酿造技术

在《齐民要术》中，有关酿造工艺的记载占有很大的篇幅。它包括酒、醋、酱、豉、菹、鲊、酪等各种酿造工艺，是中国有关酿造工艺最早、最全面的记载，也是1400多年前中国利用微生物取得突出成就的反映。其中制曲酿酒，做黄衣、黄蒸造酱，集中反映了这一时期中国的酿造工艺水平。

一、制曲酿酒

中国古代所酿的酒，是粮食酒，将粮食酿造成酒，要经过十分复杂的糖化和酒化过程，这个过程是通过曲的作用来完成的。

曲是一种含有大量能发酵的微生物和酶类的发酵剂和酶制剂。酿酒时由曲中的淀粉酶将粮食中的淀粉糖化，然后再由酵母菌作用，引起酒精发酵，产生酒精，所以曲的发明是酿造史上的一件大事。

中国在先秦时期就已能制曲，《尚书·说命》中已有"若作酒醴，尔唯曲蘖”的记载。汉代，中国的酿酒技术有了明显的发展，据《汉书·食货志》记载，当时的出酒率已达到“粗米二斛，曲一斛，得成酒六斛六斗”，即一斛曲能糖化、酒化二斛米，能酿六斛六斗酒。但有关制曲的技术，却首先是由贾思勰在《齐民要术》中记载下来的。当时所记载的曲有三斛麦曲、神曲、清曲、河东神曲、卧曲、白醪曲、笨曲、颐曲、白醪方曲、女曲等多种。现以三斛麦曲为例，来说明当时的制曲情况。（参见《造神曲并酒第六十四》）

关于制曲的原料及其加工要求，书中说：“蒸、炒、生，各一斛。炒麦：黄，莫令焦。生麦：择治甚令精好。种各别磨。磨欲细。磨讫，合和之。”

关于曲饼的要求：“其和曲之时，面向杀地和之，令使绝强。”“其曲饼，手团二寸半，厚九分。”“团曲，当日使讫，不得隔宿。”

关于人员的要求：“团曲之人，皆是童子小儿，亦面向杀地；有污秽者不使。不得令人室近。”即不能让身上有污秽的人团曲，也不许闲杂人员靠近或进入曲室。

关于环境的要求：“屋用草屋，勿使瓦屋。地须净扫，不得秽恶；勿令湿。”使用草房制曲，而不用瓦房，是因为草房密闭性好，保温避风，有利于微生物的繁殖。

关于制曲的过程：“划地为阡陌……曲饼随阡陌比肩相布。”“其房欲得板户，密泥涂之，勿令风入。至七日开，当处翻之，还令泥户。至二七日，聚曲，还令涂户，莫使风入。至三七日，出之，盛着瓮中，涂头。至四七日，穿孔，绳贯，日中曝，欲得使干，然后内之。”

上述记载说明，当时制曲对原料、人员、环境、操作过程的要求，都是相当严格的。目的是防止杂菌的感染，保证曲饼顺利制成。

据贾思勰在书中所记，当时的曲，杀米能力（即糖化和酒化的能力）比汉代有了很大的提高，神曲一斗“杀米三石”，“笨曲一斗，杀米六斗”。曲料比是1∶6—40，比汉代提高了2—20倍。所含酒精浓度也有提高。据说，汉代的酒，酒量大的人，一人能喝“数石不乱”，酒味很薄。而后魏时用笨曲酿成的酒，“酒色似麻油，甚酽。先能饮好酒一斗者，唯禁得升半。饮三升，大醉”。不论从曲的糖化和酒化能力上，还是从酒中含酒精的浓度上，后魏时期，都要比汉代高出很多。

中国古代的曲，是用淀粉质原料制成的，是一种微生物固体培养和菌种保存方法，具有良好的保存微生物的效能。北魏时的神曲“得三年停，陈者弥好”，即菌种保存三年，其糖化和酒化的性能仍能保持不变。这是中国古代在酿造工艺方面所取得的一项重大成就。

二、做黄衣、黄蒸造酱

酱是中国古代的一大发明，它是利用微生物水解蛋白质，生成可溶性氨基酸而制成的。可见造酱和酿酒一样，都是对微生物的一种利用，只是方法不同。

先秦古籍《周礼》等已有酱的记载，说明酱在中国的出现，是相当早的。不过当时的酱，是利用鱼肉等动物蛋白制成的，还不是豆酱。豆酱直到汉代才出现，见于《四民月令》的记载，当时称为“末都”。而将制豆酱的工艺记载下来，并有所发展，则要归功于贾思勰。

中国古代造酱，主要是靠一种黄色的“衣”。这种衣，从现代科学看来，是由菌丝体、子囊柄或孢子囊呈黄色的微生物构成的，由此制成的酱曲，古代称之为黄衣和黄蒸。

贾思勰在《齐民要术》中对此作了专门的介绍。(参见《黄衣、黄蒸及糵第六十八》)

贾思勰说,做黄衣的方法是:“六月中,取小麦,净淘讫,于瓮中以水浸之,令醋。漉出,熟蒸之。槌箔上敷席,置麦于上,摊令厚二寸许,预前一日刈薍叶薄覆。无薍叶者,刈胡枲,择去杂草,无令有水露气;候麦冷,以胡枲覆之。七日,看黄衣色足,便出曝之,令干。去胡枲而已,慎勿飏簸。齐人喜当风飏去黄衣,此大谬:凡有所造作用麦䴷者,皆仰其衣为势,今反飏去之,作物必不善矣。”

关于黄蒸的做法,贾思勰说:“六、七月中,𦼮生小麦,细磨之。以水溲而蒸之,气馏好熟,便下之,摊令冷。布置,覆盖,成就,一如麦䴷法。亦勿飏之,虑其所损。”

中国古代的黄衣、黄蒸,都是用麦制成的。黄衣用整粒麦子,黄蒸用的是麦粉,在夏季高温时制作,因为这时温度高、湿度大,有利于霉菌繁殖。同时通过控制原料的酸度,抑制有害微生物,促使黄曲霉的生成。

由此可见,中国古代在利用微生物方面,已积累了丰富的经验。这当然并不是说,古代已了解了造酱、酿酒与微生物之间的关系。微生物是到17世纪才为人类所发现的,但在微生物发现以前,人类对于微生物的发酵现象、发酵的环境条件、发酵材料,以及发酵产物的品质同发酵材料、发酵条件的关系等,已从经验中认识,而且已总结出一定的规律来。北魏时期,贾思勰在当时的历史条件下,能总结出这样符合科学原理的经验,是十分难能可贵的。

第四节　烹饪技术

一、面食制作

中国的主食，先秦时期主要是粒食，到汉代，随着粮食粉碎工具石圆磨的改进和西域面食方法的传入，中国的粒食习惯开始向粉食转变，面食开始成为中国主食的重要组成部分。但中国有关面食的制作情况，直到贾思勰撰《齐民要术》时才有记载，当时名之曰"饼法"。

根据《齐民要术》的记载，饼包括面粉食品和米粉食品两类。

面粉食品有白饼（无馅的发面饼）、烧饼（羊肉馅的发面烤饼）、髓饼（和有骨髓油的烤饼）、餢飳（油煎的发面饼）等发面食品，水引饼（如今日的手擀面）、馎饦（一种面片）、切面粥（又名碁子面，围棋子大小蒸或煮熟的面食）、䴵䴵（用粟米馈饭和面制成水煮面食，形如胡豆）、细环饼、截饼（用奶或蜜和面，油煎而成）等死面食品。

米粉食品有膏环（状如今日馓子和麻花，油煎的糯米粉食品）、粉饼（水煮片状米粉饼）、豚皮饼（又名拨饼，用米粉浆制成的粉皮）。

《齐民要术》还记载了一种发面用的老酵制法，当时称"作饼酵法"。制法是："酸浆一斗，煎取七升；用粳米一升着浆，迟下火，如作粥。六月时，溲一石面，着二升；冬时，着四升作。"（《饼法第八十二》）这是现在所能见到的最早的老酵制法，是贾思勰从《食经》里引来的材料，但《食经》已佚，靠《齐民要术》才将这一重要的技术材料保存下来。

在上述的记载中可以看到，在1400多年前，中国的面食已有麦面、米面两类，麦面食品又有发面、死面的不同，制作方法有火烤、水煮、油煎、甑蒸等多种。

二、菜肴加工

在《齐民要术》里，贾思勰共记载菜肴169种，加工方法6种。

羹臛法：羹是有较多芡汁的荤素菜，如酸羹、鸡羹、脍鱼莼羹等；臛是有黄汁的单烧荤菜，如鸭臛、鳖臛、羊蹄臛等。

蒸缹法：蒸是用蒸笼或釜甑蒸，如蒸羊、蒸熊、蒸鸡等；缹即煮，如缹猪肉、缹鹅等。

胚、腤、煎、消法：胚是脍菜，如胚鱼鲊、纯胚鱼、五侯胚等；腤是鱼或肉煮熟后，另外加汤，如腤鸡、腤白肉等；煎是煎熬，如蜜纯煎鱼、鸭煎等；消是斫碎调和后，加油炒熟，如勒鸭消。

菹绿：放酸菜或醋的加工法，相当于今日的醋熘。书中记的白菹、菹肖、酸豚等，都是用这种加工方法煮成的。

炙法：即烧烤，书中用炙法加工的菜肴多达20多种。

脖、奥、糟、苞：脖即肉糜；奥是走油肉；糟即糟制；苞即用草裹肉风藏。

这些加工方法，分别见于《羹臛法第七十六》、《蒸缹法第七十七》、《胚、腤、煎、消法第七十八》、《菹绿第七十九》、《炙法第八十》、《作脖、奥、糟、苞第八十一》。

此外，书中卷九又特设了“素食第八十七”，集中介绍了11种素菜的烹调方法。这是素菜已在中国形成一个独立菜系的反映。

由于北魏以前的食谱和菜谱都已散失，因而《齐民要术》中有关菜肴加工的记载，便成了中国现存最早的菜谱。这是贾思勰对中国饮食文化所作的一个重要贡献。

除以上三章所述的科学技术成就外，贾思勰还在生物学（包括植物学、动物学、微生物学、遗传学）上有所发现和记述。如关于植物性别的认识，关于植物和光线关系的认识，关于植物种间关系的认识，关于遗传性、变异性和人工选择的认识，等等。

第五篇　影响与研究

中国古代以农为本，每遇新朝建立，社会政治经济处于上升时期，农业生产及其经验总结与传播便受到朝廷的重视。魏晋以降，贾思勰《齐民要术》多次得到官方的刊刻颁行，影响深远。后世对其研究，也由训诂、校释发展到文献学、版本研究等。尤其是近现代以来，贾思勰《齐民要术》的科学技术成就、农业思想、在农学史上的地位等，愈益受到学术界的关注。以现代科学方法研究《齐民要术》，进一步提高了《齐民要术》对现代农业的借鉴价值。

第一章　国内影响与研究

第一节　隋唐至明清时期

一、隋唐时期

《齐民要术》于公元6世纪前半叶撰成，当时印刷术尚未出现，仅靠手写传抄，流行范围有限，影响较小。但因书中所载农业生产和经营的内容切合国计民生的需要，在隋代已引起官府注意。《隋书·经籍志》载农书五部十九卷，即有《齐民要术》十卷。李唐王朝建立后，为达长治久安的目的，轻徭薄赋，发展农业，曾有数位帝王下令撰颁有关农书，此期传世的《齐民要术》较为多见。唐代训诂学家颜师古（581—645）所作的夹注，说明在唐代《齐民要术》已被视作朝廷官署典籍，受到重视。《旧唐书》卷七十九、列传第二十九《李淳风传》曾提到他“演齐人要术”。南宋李焘撰《孙氏齐民要术音义解释序》曾叙及：“此书李淳风尝演之淳风书，遽亡。”可据以知悉唐代李淳风曾研究、使用过《齐民要术》。同序中还有“韩鄂（9世纪）又撮思勰所记，别著《四时纂要》五卷”的记载，首次提及《齐民要术》在后世农书撰述中的影响。

二、宋代

在农业生产恢复和发展的阶段，《齐民要术》多被置于重要的位置。《宋史·窦仪传》"附"中提到后周世宗在位时(公元954—959年)，窦俨曾向朝廷建议把《齐民要术》、《四时纂要》、《韦氏月录》等书中关于田蚕园圃之事，集为一卷。北宋时期，雕版印刷技术趋于完善，书籍刻印业发展起来，《齐民要术》作为重要农书，最早得到刊刻。王应麟《玉海》记述，"宋朝天禧四年(1020年)八月二十六日，利州转运史李昉(按:昉当作防，防为利州转运史，见《宋史》)请颁《四时纂要》与《齐民要术》二书，诏使馆阁校勘镂本摹赐"。此即天禧四年诏令刻刷，到天圣年间完成的官刻本，亦称北宋崇文院刻本。北宋崇文院刻本《齐民要术》，是第一次刻刷本，是后来其他各本据以传抄、刻印的祖本。刻本的出现，扩大了《齐民要术》的影响，也促进了这部著作的校注研究与利用。

南宋李焘在《孙氏齐民要术音义解释序》中称:"贾思勰著此书，专主民事，又旁摭异闻，多可观，在农家最峣然出其类，而近世学者忽焉，第奇字错见，往往艰读。今运使秘丞孙公为之音义，解释略备，其正名辨物，盖与扬雄、郭璞相上下，不但借助于思勰也。""本朝天禧四年诏并刻二书(《齐民要术》、《四时纂要》)，以赐劝农使者。""然其书与律令俱藏，众弗得习，市人辄抄要术之浅近者，用才一、二，此志于民者所当惜也。""今公幸以稽古余力，悉发其隅，盍并刻焉，岂惟决疑纠谬，有益学者，抑使斯民日用所知本末，更被天禧遗泽，不亦可乎。"(参见《文献通考》卷二一八，经籍四十五)《玉海》别引宋《国史志》亦述及:"天禧中颁《齐民要术》于天下，以教种植蓄养之方。"只是在《国史志》中误把诏令刻刷《齐民要术》的年份当作了颁发书籍的年份。

《齐民要术》崇文院官刻本问世虽然扩大了影响范围，但至南宋时，已是“非朝廷要人不可得”。绍兴十四年（1144年），济南人张辚在龙舒（今安徽舒城），据崇文院刻本再度刊刻，进一步扩大了《齐民要术》的影响。葛祐之在为张辚刻印《齐民要术》所撰的序中称：“谨按《齐民要术》，旧多行于东州，仆在两学时，东州士夫有以要术中种植蓄养之法，为一时美谈，仆喜闻之，欲求善本寓目而不得。今使君得之于芗林居士向伯恭，伯恭自少留意问学，故一时名士大夫多与之游而喜传之书。盖此书乃天圣中崇文院校本，非朝廷要人不可得。使君得之，刊于州治，欲使天下之人皆知务农重谷之道，使君之用心可知矣。”

三、元明清时期

元代为鼓励农桑，由司农司主持撰修、刊刻《农桑辑要》。该书大量摘引、阐述《齐民要术》的内容，可见其影响之大。这时期王祯所著《农书》，对《齐民要术》也多有引用。由《农桑辑要》、《农书》的撰著可见，贾思勰“采捃经传，爰及歌谣，询之老成，验之行事”的农书撰写途径，成为后来治农学者的必由之路。这进一步巩固了贾思勰所撰《齐民要术》在中国农学典籍中的核心地位。

明代农业有较大发展，商业、书籍刻刷行业趋于繁荣。《齐民要术》数次得到刊刻印行。明代王廷相在嘉靖甲申年（1524年）为马直卿刊刻《齐民要术》所写的“后序”中称：“其书播植五种，畜字六扰，区灌瓜蔬，栽树果实，条贯时宜，靡不该载，大抵训农裕国之术。”并进一步阐发贾思勰的农业思想：“盖国者富民其要术也；富民者农事其先务也；教农者有司之实政也；稽术者为政之大纲也。”阐释益国、富民、教农、稽术间相互作用的关系。但相近时期的学者杨慎(1488—1559)在《丹铅总录》中指出,《齐民要术》广引古书奇字,“文人其犹嗫之,况民间其可用乎”。

清代乾隆三十七年(1772年)开始纂修《四库全书》,将《齐民要术》收入。《钦定四库全书总目提要》称:“《齐民要术》十卷,后魏贾思勰撰。”“思勰始末未详,惟知其官为高平(高阳)太守而已。”《提要》除叙说《齐民要术》版本流传中的窜入、夹注、计量等疑点外,也指明:“盖唐以前书文词古奥,校勘者不尽能通,辗转讹脱,因而讹异固亦事所恒有矣。”清代学者姚振宗在《隋书经籍志考证》(1895年)中则提出“贾思勰和《魏书》里的贾思伯、贾思同是同族兄弟”的说法。在清代以前,农家学者人数很少,他们读《齐民要术》也只以技艺书看待,不注重章句的考订。这使《齐民要术》所引古籍片段得以保存原来引用的模样,尤其是“经部”书中的词句,有不少与经过后来经学家们删改过的颇不相同。所以清代乾嘉以来的朴学者们特别珍视《齐民要术》。如戴震、阮元、王念孙、王引之、郝懿行、毕沅等,都曾对《齐民要术》下过工夫。他们把《齐民要术》当作考订经史文字的素材,或作为校勘纠误的对象。但他们较少留意《齐民要术》在农业生产方面的实用意义。考订、校勘方面的进展导致优秀版本的探寻。杨守敬曾致力于搜集散失古籍,在述及《齐民要术》时称:“此书宋本固不可得,津逮本、照旷本非罕见,乃因其所得本偶欠,遂不再求他本以补之,且不照原书行式,以留他日校补,卤莽如此,真所谓刊刻之功,不蔽其僭妄之罪也。”他曾于清末在驻日使馆任职,1897年撰有《日本访书志》,谈到在日本见到宋本《齐民要术》残卷时说:“余所得系小岛尚质以高山寺本影抄,精好如宋刻。”用以校勘其他版本“补脱厘误,大有裨益”,“唯未得原书全本照之，终为恨事”。1911年，罗振玉到日本，曾访高山寺，并据高山寺藏本影印，题《北宋椠〈齐民要术〉残本》，包括《齐民要术》的卷五、卷八（缺最后半页）。罗振玉以高山寺藏本校对当时较为流行的中江権署渐西村舍本，于第八卷即发现“讹夺至众”，第五卷更是“尚多舛误”。

第二节　清末至民国时期

1900年前后，西学东渐，建立在经验积累基础上的中国传统农学与西方兴起的建立在实验基础上的农学开始交汇。罗振玉主持编辑《农学丛书》和《农学报》，向国人展示中国古代农业科学技术要籍，报道民间农业生产调查情况，又通过组织译述欧美、日本农书，较全面地引进实验农学的丰富材料。罗振玉在《雪堂自传——罗振玉遗稿》中说他30岁以后才立志学农。“予少时不自知其谫劣，抱用世之志，继思若世不我用，宜立一业以资事畜。念农为邦本，古人不仕则农，于是有学稼之志。”他曾认真地研习过《齐民要术》、《农政全书》、《授时通考》等书，又读过外国农书的译本。他通过编书办报，“先后垂十年，译农书百余种，始知其精奥处，我古籍固已先言之”。他称引进的外国农业技术，“其可补我所不足者，惟选种、除虫及以显微镜验病菌，不过数事而已。至是益恍然于一切学术，求之古人记述已足，故无待旁求也”（载《罗雪堂先生全集》五编卷一第9页）。这一记叙说明《齐民要术》等农书的研习在当时一代治农学人成长中的重要作用。

五四运动唤起民众觉醒，“科学”、“民主”成为时尚潮流。农业科学技术知识逐渐受到重视。1922年商务印书馆印行《四部丛刊》，给《齐民要术》提供了一个较为完善的版本。1927年，陆费执在所撰《中国农书提要》中，首先叙述了《齐民要术》。1928年，万国鼎在《图书馆学季刊》发表了《〈齐民要术〉解题》一文，是从新方向研究《齐民要术》的起点。1934年，齐鲁大学《国学汇编》第二册上，栾调甫（署名胡立初）发表《〈齐民要术〉版本考》、《〈齐民要术〉引用书目考证》两篇文章，开始了对贾思勰《齐民要术》的具体解析与科学探索。这一时期有关《齐民要术》的研究论文约有10篇。

第三节　中华人民共和国时期

一、20世纪50年代至60年代前期

1949年中华人民共和国建立后，面临繁重的恢复、发展农业生产的任务。政府提倡总结农民群众生产经验，号召学习发扬祖国农业科技传统，继承优秀遗产。中央农业部提出将商务印书馆、中华书局1937年前排版成型的12本古农书，其中有《齐民要术》，印发全国。1955年4月，农业部农业宣传总局邀集有关专家学者，在北京座谈整理祖国农业遗产的工作。这次会议确定整理校释《齐民要术》。西北农学院石声汉教授于1957年出版《齐民要术今释》（科学出版社），1958年出版英文本《齐民要术概论》（科学出版社），是这一时期的突出成果，在国内外引起较大反响。石声汉还曾发表《探索〈齐民要术〉中的生物学知识》一文。

同期，南京农学院万国鼎教授发表了《论齐民要术》、《〈齐民要术〉所记我国一千四百多年前的农业技术水平》、《贾思勰与〈齐民要术〉》、《〈齐民要术〉——我国现存最早的完整农书》等论著。北京农业大学王毓瑚（1907—1980）在《总结祖国农业学术遗产》的论文

中着重阐释了《齐民要术》的农业技术贡献。1957年，他在《中国古代农业科学的成就》(科学普及出版社)一书中提到："据史书记载，后魏末期还有两位著名的经济学家，就是齐郡益都县的贾思伯、贾思同兄弟二人。因为姓名相近，有人认为这三位学者可能出自一家。最近还有人认为(指栾调甫所撰《〈齐民要术〉作者考》中提出的看法)贾思勰应当就是史书上的贾思同。因为他做过彭城王元勰的属官，可能依照当时的习惯把名字改换了。这说法可能是对的，但是在史书上还没有找到直接的证据。"华南农学院梁家勉(1908—1992)《〈齐民要术〉的撰者、注者和撰期》一文对《齐民要术》有关撰著者的疑难，作了细致的探讨。浙江农学院游修龄《从〈齐民要术〉看我国古代的作物栽培》一文，把现代作物栽培学的研究与《齐民要术》记载的农事经验结合了起来。1959年《农史研究集刊》第一册刊载了署名丛林的《〈齐民要术〉调查研究的尝试》一文，通过到农村调查实地了解《齐民要术》农业遗产对现今的深刻影响。1956年7月9日至12日，中国科学院召开中国自然科学史第一次科学讨论会，万国鼎以《〈齐民要术〉所记农业技术及其在中国农业技术史上的地位》为题在大会上作了学术报告。这次会议只有农、医两篇论文被选作大会发言。1959年，南京农学院李长年撰著《〈齐民要术〉研究》(农业出版社)，全面阐述《齐民要术》的各项农业技术成就，代表了这一时期有关《齐民要术》农业技术贡献研究的水平。山东大学王仲荦就《齐民要术》撰期、撰著者、里籍等问题发表《有关贾思勰〈齐民要术〉的几个问题》一文，表述了有代表性的看法。这一时期的论著约有30余部。

二、20世纪60年代中期至70年代中期

这一时期正值“文化大革命”，国家处于动荡状态，《齐民要术》的深入研究难于开展。但《齐民要术》由于涵盖了古代丰富的群众经验而受到重视，议论贾思勰《齐民要术》的文章稍多。在研究方面，北京大学生物系等单位的注释组于1975年出版了《齐民要术选释》。选释的有关内容按照农、林、牧、副、渔的顺序，分成十六个专题编列。书中对“农产品的加工制作”等部分的摘文、语译、注释、按语颇具特点。1976年，浙江农业大学理论学习小组撰著《〈齐民要术〉及其作者贾思勰》（人民出版社），阐释《齐民要术》在农业科学技术方面的贡献，专节论述了《齐民要术》在生物学上的成就。1976年，广西农学院注释组编著出版的《齐民要术选注》（广西人民出版社）也具独到之处。这一时期发表的有关贾思勰及《齐民要术》的文章约40余篇。

三、20世纪70年代后期至今

20世纪70年代末，改革开放首先在农村起步。在大力发展农业，提高农业生产力的过程中，继承发扬传统经验受到关注，贾思勰与《齐民要术》的影响与研究呈现新的势态。尤其是2000年以来，名人成果不断，新人辈出，研究成果涉及面更加广泛，研究内容更与现代科技和脉搏相融合，呈现出“百花齐放，百家争鸣”的良好态势和繁荣景象。

一是《齐民要术》一书的影响在迅速扩大。

1982年，缪启愉《齐民要术校释》一书由农业出版社印行。该书以《齐民要术》两宋本为基础，以明清刻本为副本，辅以清末各种校勘稿本，参考当时中外学者整理、研究《齐民要术》的有关成果，为读者提供了一个反映当代研究水平的本子。书中附载《宋以来〈齐民要术〉校勘始末述评》、《〈齐民要术〉主要版本的流传》,对千百年来《齐民要术》的传抄刊刻、版本传承、校勘功过、学术价值作了较为深入的分析,观点清晰,论说阐释严格缜密,代表一家之言。1998年,中国农业出版社出版《齐民要术校释》第二版,在扩大《齐民要术》影响方面作用显著。1995年四川巴蜀书社出版的《齐民要术(白话全译)》,1996年辽宁印行的今译《齐民要术》等,解除了《齐民要术》文辞古奥的困惑,便于研究使用。

二是从农业生产、经营、食品加工制作等方面对《齐民要术》进行多角度研究。

从汉代起,中国北方种植技术析解较快,变春耕为秋耕,翻耕灭草,犁壁的创制与发展是其突出表现。公元3世纪,耕、耙、耢等技术成套使用已反映到墓室画像砖的图案中。《齐民要术》对一个阶段的农业经验,进行了总结。农史学家认为《齐民要术》中旱地农耕作业的精湛技艺和高度理论概括,使中国农学第一次形成精耕细作的完整体系。经济史学家认为应将《齐民要术》看做是中国封建地主经济的经营指南。1980年,经济史学家胡寄窗在《从世界范围考察十七世纪以前中国经济思想的光辉成就》(载《胡寄窗文集》,中国财政经济出版社1995年版)一文中说:"公元第六世纪前半期出现的贾思勰《齐民要术》,是人们公认的我国古代仅存的一部极有价值的农书。但从政治经济学角度考察,它还是一部很好的封建地主阶级的家庭经济学,对一个地主阶级家庭的生产、交易和消费均有很详细的设计和记载。""他也给一些封建地主家庭设计了不少稳妥的牟利活动。""贾思勰对一个地主家庭所需消费的生活用品,如各种食品的加工保持和烹调方法,如何养鱼养马,甚至连制造笔墨及其原材料等所应具备的知识，无不应有尽有。其记载周详细致的程度，绝对不下于举世闻名的古希腊色诺芬为教导一个奴隶主如何管理其农庄而编写的《经济论》。”“14世纪前后俄国西里维斯特所汇编的《封建家庭经济学》，受到广泛的重视，但就其内容仅为若干贵族对子嗣的训令或箴言的汇集一点看来，它未必能与《齐民要术》相比拟。”从事农产品加工、酿酒、制酱、做醋、烹调、果蔬贮藏的科技工作者，从《齐民要术》中可以找到古老的配方和技法，如桑落酒的酿造就是一例。1987年，王尚殿在《中国食品工业发展简史》(山西科学教育出版社)中称："《齐民要术》是我国古代一部优秀的农书，是农产品加工和食品生产科技书，内容极其广泛和丰富。书中有粮食和油料加工，有制曲、酿酒、做酱、做豉、酿醋和食品加工、烹调等。书中七、八、九卷全部是记述食品加工、储藏的，可谓我国6世纪的食品百科全书。”

三是科学哲学领域开展有关贾思勰《齐民要术》科学方法论的研究。

任何一门学科，当它达到某一种发展阶段，需要进一步提高的时候，总要和研究方法、研究手段、世界观、方法论的探讨结合起来。贾思勰在《齐民要术》中提出“顺天时，量地利，则用力少而成功多，任情返道，劳而不获”的重要看法，多年来，农史学者不断阐释其哲学意义。1985年，北京农业大学张湘琴在中国自然辩证法研究会周林等主编的《科学家论方法》第二辑(内蒙古人民出版社)撰写了《贾思勰》一文。该文对贾思勰尊重客观规律，重视细致观察，设计比较实验，探索相关事物间的数量界限，举一反三探索事物共同性，创设条件促成事物转化，针对具体情况采取灵活策略，倡导少而精和多层次经营提高经济效益，增强预见性减免损失，总结经验教训等方面择例阐释。指出贾思勰“采捃经传，爰及歌谣，询之老成，验之行事”诸项影响深远，几乎是后世各代中国农学家共同遵循的守则，就是现今农学家也不能对此稍有忽视。认为贾思勰建立了中国传统的农学体系并对以实用为特点的农学类目作出了合理划分。书中提到贾思勰注意农业生产、科学技术与经济收益的结合，论述栽种蔬菜瓜果、植树营林、养鱼、酿造时，以不少段落述及多种经营、产品供销、多层次利用、经济核算等实际内容。认为《齐民要术》不仅是一部影响深远的古代农业技术典籍，一部中国封建社会农业经营方法方面的百科全书，也是农业科学哲学方面具有里程碑意义的巨著。

四是贾思勰和《齐民要术》研究机构相继成立，并举办了多次纪念和研讨活动。

2004年，贾思勰农学思想研究所在山东潍坊科技职业学院成立。

2005年4月25日，贾思勰理论研讨会在寿光举行。来自中国农科院、中国农业大学、山东农业大学、莱阳农学院等农业院所的数十位农业农学专家、学者及贾思勰研究专家齐聚一堂，热议贾思勰农学思想对传统农业和现代农业的影响。

2006年，贾思勰农学思想研究所改建为贾思勰研究中心。研究中心主任由潍坊科技职业学院崔效杰院长兼任，薛彦斌研究员任副主任，现有研究人员6人。

2006年4月25日，《齐民要术》研究会第一届年会“《齐民要术》与现代农业高层论坛”成功举办。来自中国农业大学、南京农业大学人文社会科学院、江西省社会科学院等全国数十家高等院校、科研院所的30多位专家、学者齐聚寿光，与三元朱村党支部书记王乐义及寿光市《齐民要术》研究会成员，围绕"《齐民要术》对现代农业的影响"这一主题，共同展开了探讨。24篇会议论文由《中国农史》出增刊全部刊发。

2007年4月26日至27日，《齐民要术》研究会第二届年会"海峡两岸《齐民要术》与新农村建设研讨会"在山东省寿光市温泉大酒店召开。台湾齐鲁文经协会董事长李宗正，台湾中兴大学教授李春序、孙守恭，中国农业博物馆研究部主任、中国农业历史学会副会长兼秘书长曹幸穗，北京大学教授杨勋等40余位海峡两岸的专家、教授齐聚一堂，就《齐民要术》与新农村建设展开了研讨。26日下午，中国贾思勰与《齐民要术》研究会正式成立。会议选举曹幸穗为会长，另外选出了8位副会长、5位名誉会长和1位顾问。中国贾思勰与《齐民要术》研究会的成立，标志着《齐民要术》研究会真正成为全国性的学术性研究机构，贾思勰与《齐民要术》研究将进一步走向深入，贾思勰的"农本精神"将得到进一步发扬光大。

2008年4月25日至27日，《齐民要术》研究会第三届年会"《齐民要术》与饮食文化研讨会"在寿光召开。来自中国社科院等机构的13名知名专家、学者齐聚一堂，与寿光市《齐民要术》研究会的会员共同交流《齐民要术》中博大精深的饮食文化，同时举行8集电视纪录片《齐民要术》开机仪式。

五是贾思勰作为世界范围内杰出的古代科学家、《齐民要术》作为不朽的农学典籍而进入全面、综合研究阶段。

《齐民要术》流传至今已逾25个版本，并较早地东传日本。到90年代后期，有关研究论文发表约200篇。从中外农学发展的历史上看，取得这样成就的尚属鲜见。1992年，北京农业大学杨直民所著《贾思勰》一文(见《中国古代科学家传记(上集)》，科学出版社)指出：贾思勰作为南北朝后魏地方官员撰著《齐民要术》，以其精湛的内容、承前启后的伟力和构建农学体系的功绩，被推到农学家的位置，在中国农学史以至世界农学史上都居于重要的地位。随着对贾思勰《齐民要术》学术地位认识的深入，研究人员的研究课题日趋广泛，主要有：《齐民要术》的校勘、注释、今释、翻译，该书的流布和版本传承，《齐民要术》的成书年代与背景，贾思勰的身世与科学技术活动，《齐民要术》在中国农业科学技术史上的地位，《齐民要术》在中国农产品加工和食物史上的地位，《齐民要术》在中国农业经济、经营史上的地位，《齐民要术》在中国农业哲学思想和方法论史上的地位，《齐民要术》在中国生物学史上的地位，贾思勰《齐民要术》在世界农学史和科学技术史上的地位。研究工作进入全面、综合研究阶段。

第二章　国外影响与研究

第一节　日　本

一、《齐民要术》东传日本

《齐民要术》在手写传抄阶段已东传日本。日本59代宇多天皇宽平年间（公元889—896年），藤原佐世奉敕撰写《日本国见在书目录》四十家一万六千七百九十卷，其中农家二家十三卷，即《齐民要术》十卷，丹（高）阳贾思勰撰，《兆民本业》三卷。此系现今所知《齐民要术》传至日本的最早文字记录。北宋天禧年间诏刻、天圣年间颁行的崇文院本《齐民要术》问世后曾传至日本。该本在中国早已湮没，而在日本高山寺尚藏有第五、第八两卷残本，属稀世珍籍，日本作为国宝现特藏京都博物馆。早在1808年日本依田蕙曾予叙述："《齐民要术》第五、第八二卷，平安尾高山寺所藏也，高山寺有蓄旧书之名，官使人求访其书，惟有目而散失已尽，独遗此耳。言是宋本也，而亦首尾残次，年时不可得而考，与世所谓宋本者，字样颇异，疑彼率渡江以后之物，而此应北宋所镌也，不见其全最为可憾。"

日本高山寺藏北宋刻《齐民要术》，虽极珍贵，终属残卷，难窥全貌。日本黎明会蓬左文库所藏、德川幕府家旧有的一个《齐民要术》手抄本，因曾收在金泽文库，简称金泽本，是现在所存北宋系统本中最为完整的，它虽缺卷三，但是基本上保存了北宋刻本的全貌。该书体式与高山寺藏本相合，也是通字缺笔，证明是源自北宋崇文院本辗转抄成的。从金泽文库本《齐民要术》各卷题记中，可看出各卷后都有仁安元年（1166年）校记，注明不同月、日，有两处写有以唐摺本书写（见该书第27、228页），每卷卷末注有“宝治二年（1248年）九月十七日康乐寺僧正让赐之”，或“九月十七日传得之”，或“僧正之手传取之”，或“所让赐也”。可能这金泽抄本所据原本是从康乐寺得来。据卷十后面所记，抄毕时间是文永十一年（1274年）三月十一日。于建治二年（1276年）正月十五日近卫羽林借赐之折本校合，另记“后二月九日以近卫借赐之本校合了”。可以看出，12、13世纪，《齐民要术》在日本已不止一个抄本。仅从上述，今天尚存的金泽本是宝治年间抄传的，前还有仁安本，另据近卫本校合，近卫本应为又一传本。

金泽抄本所据北宋刻本祖本应是宋靖康二年（1127年）以后传到日本的。因为抄本中，把《宋靖康二年百忌图》也照录了。其中描有耕牛图，图下有“嘉逢丁未年，耕积早向前，丝绵十分熟，麻麦满山川”的诗句（参见影印金泽文库本《齐民要术》第81页）。这个金泽本，中国学者罗振玉未曾得见，罗氏在《北宋椠〈齐民要术〉残本》后记中不无遗憾地说：“闻尾张真福寺尚有古写卷子本，异日将往校写诸本合刊之，以成善本，平生积想，或稍慰乎。”栾调甫在1934年《〈齐民要术〉版本考》文中也曾对这一抄本寄以深情，说“此本倘在人间，若能影印以公诸世，亦是书之幸也，予企望之”。限于时代条件，曾致力于《齐民要术》版本搜集研究的罗振玉等未能见此抄本。

日本学者小出满二经过多年访求，历尽艰辛，终得见此珍本，并于1929年著文详细论述。其后日本西山武一教授积多年研究探讨,借《金泽文库本〈齐民要术〉》影印的机会,发表了《〈齐民要术〉传承考》一文,对《齐民要术》的版本源流、诸本异同,特别是对金泽文库本的发现、金泽文库本的校正能力等有精详论述。经与高山寺藏本的卷五、卷八相对照,此二卷中两种藏本文字几乎相同,说明它在版本上有很高的价值。在日本学者的推动下,1948年日本农林省农业综合研究所借蓬左文库藏本影印200部。1950年12月,西山武一教授将该影印本题赠给中国科学院、北京农业大学等有关学术单位。

日本农史著作中公认日本最早的农书是日本宽永五年(1628年)土居水也所撰《清良记》和日本元禄十年(1697年)官崎安贞撰成的《农业全书》。农史学者古岛敏雄、神谷庆治认为官崎安贞《农业全书》的农业技术内容,深受中国贾思勰《齐民要术》和徐光启《农政全书》的影响。神谷庆治在论述西洋农学和日本农学时指出,《齐民要术》不单是千百年前中国农业的记载,就是从现代科学的本质意义上来看也是世界上的农书巨著。日本曾结合本国的实际情况和经验,加以比较对照,消化吸收其中的农学内容。为便于日本人士学习利用《齐民要术》,早在日本宽保四年(1744年),便出版了题为势阳逸氓田好之译注的《齐民要术》向荣堂本。书中有《新刻〈齐民要术〉序》,序文提到:"民家之业,求之《要术》(《齐民要术》),验之行事,无一不可者矣。"之所以译注、刊刻此书,是"欲使本帮齐民有治生之要术,尚亦有利哉"。译注者加了假名、训点,从后世农书,主要是《农政全书》及其他典籍中摘引不少段落作为注解。日本考据学者猪饲彦博(1761—1845)还校录了一部校宋本《齐民要术》,所用底本为田好之译注本。猪饲校宋本《齐民要术》曾入藏于东京嘉善堂文库。

二、近现代的影响与研究

近代日本学者对《齐民要术》的版本也曾倾注过心力。19世纪中期，日本学者森立之（1807—1885）的《经籍访古志》叙及高山寺藏《齐民要术》残本时曾说，“按是书善本至稀，世所传毛晋刊本，误脱满纸，殆不可快读，以此本校之，当据以补正者甚多”。1929年，日本学者小出满二写成《论〈齐民要术〉的不同版本》，他历尽艰辛，不懈访求，在向公众推荐金泽文库本《齐民要术》方面作出可贵的贡献。

七七事变后，日本一些学者在当时北京大学农学院任职，他们当中有支持日中友好、反对侵华战争的人士。从1940年起，西山武一、斋藤武组织锦织英夫、肖鸿麟、渡边兵力、山田登、贾振雄、刘春麟等中日学者埋头研读中国农书。他们起初研读明代徐光启的《农政全书》、元代王祯的《农书》，后在研读美国J.A.威特索耶（J.A. Widtsoe）《旱地农业》的过程中，将《齐民要术》作为旱地农业的经典来校订、研读。1944年刊印出《校合〈齐民要术〉》卷一，由西山武一和刘春麟执笔。其《序记》提到，后汉许慎《说文解字》的研究能发展成为“许学”，后魏郦道元《水经注》的研究被称之“郦学”，而《齐民要术》则千余年没有碰到这种“运气”。并指出：“近十余年来，对《齐民要术》再认识的重要性已渐渐为先知先觉者所注意，实应庆幸其为贾学开运的发端。”这是“贾学”见诸文字的最早记录。

第二次世界大战后，西山武一等返回日本。他们仍热衷于《齐民要术》的传播与研究。西山武一于1951年完成《齐民要术》一、二、三卷的日译，1953年完成四、五、六卷的日译。熊代幸雄1953年译完卷七、卷八，1956年译毕卷九，1957年、1959年分别出版了《校订译注齐民要术》上、下册（农业综合研究所）。从1948年日本农林省农业综合研究所刊印金泽文库本《齐民要术》时起，日本京都大学人文科学研究所技术史部会组织各专业领域的学者天野元之助、薮内清、渡边幸三、大岛利一、篠田统、北村四郎、吉田光邦、米田贤次郎、木村康一、入矢义高等参加《齐民要术》轮读会，专家多就各自所长，撰写了有关《齐民要术》专题研究的论文。

这一时期日本学者还开展了《齐民要术》有关内容与近现代农业技术的比较研究。1954年熊代幸雄撰写《有关旱地农法的东洋和近代的命题》（日本宇都宫大学学术报告特辑），主要就《齐民要术》所载旱区耕、耙、播种、锄治等技术，与西欧、北美、澳大利亚、俄罗斯伏尔加河下游等地的农业措施进行逐项比较，肯定《齐民要术》旱地农业技术理论与技术措施对现今仍有意义。1978年，天野元之助（1901—1980）撰写出《后魏贾思勰〈齐民要术〉研究》，对贾思勰及其所著《齐民要术》进行了周详论述，是代表当代外国学者《齐民要术》研究水平的专著。1982年，日本学者薮内清在《中国、科学、文明》（梁策、赵炜宏译，中国社会科学出版社1987年版）一书中说：“我们的祖先在科学技术方面一直蒙受中国的恩惠。直到最近几年，日本在农业生产技术方面继续延用中国技术的现象还到处可见。”并指出：“贾思勰的《齐民要术》一书，详细地记述了华北干燥地区的农业技术。在日本，出版了这本书的译本，而且还出现了许多研究这本书的论文。”可见，已经实现工农业现代化的日本，仍很重视《齐民要术》等中国农学古籍的研究。神谷庆治在西山武一、熊代幸雄《校订译注〈齐民要术〉》的“序文”中就说，《齐民要术》至今仍有惊人的实用科学价值，“即使用现代科学的成就来衡量，在《齐民要术》这样雄浑有力的科学论述前面，人们也不得不折服”。

在日本旱地农业技术中，也存在春旱、夏季多雨等问题，而采取的对策，和《齐民要术》中讲述的农学原理几乎完全一致，如出一辙。数十年来，中国学者与日本学者在《齐民要术》整理、校注、译释、研究中，充满友好的交流、合作与竞赛，像石声汉《齐民要术今释》和西山武一、熊代幸雄《校订译注〈齐民要术〉》这类同时攻关、内容近似的课题、项目，日本学者在译校《齐民要术》的“译者附记”中描绘其意境为：像是从东西两侧攀登同一座大山，期望在山顶相会。

第二节　欧　洲

约从16世纪起，西方官员、商贾、传教士接连来华。他们在介绍西方文明的同时，也为中国传统文化所震慑。德国学者G.W.莱布尼兹（G.W.Leibniz,1646—1716）在给耶稣会传教士P.M.格里玛迪（P.M.Grimadi,1639—1712）的信中说：“我恳求格里玛迪不要为了把欧洲的东西传给中国人而过于操心，而要操心把中国的非凡的发明带给我们。否则，在中国的传道活动就得不到什么益处了。”1707年，莱布尼兹写给北京传教团的信中甚至建议把他们所写的关于中国工农业的记述以及中国的动物、植物、机器模型和学者一起送到欧洲。法国耶稣会士C.金济时（Jean paullouis Collas,1735—1781）1767年来华，通满、汉、蒙语，在华期间，基于中国文献记载及实地见闻，发表了有关中国动物、植物、矿物以及农业、工业技术的多篇报道。他将《齐民要术》的一些内容，收录进《北京耶稣会士关于中国历史、科学、技术、风俗习惯等纪要》，在法国巴黎出版。全书

16册，1776年至1814年出齐，其中究竟有多少材料直接或间接取自《齐民要术》已成为学术界关注的课题。英国学者达尔文（C.Darwin，1809—1882）在撰写《物种起源》（1859年）、《动物和植物在家养下的变异》（1868年）、《人类的由来及性选择》（1871年）等著作时，先后引证或提到中国有关的材料100余处，涉及猪、羊、马、驴、狗、獒、鹅、兔、鸡、鸭、金鱼、家蚕、小麦、水稻、杏、桃、香蕉、甜瓜、菊花、蔷薇、牡丹、竹、雪松等多种动植物。达尔文在书中提到引用材料采自“成书于1596、1609年的‘中国古代百科全书’”，“上一世纪耶稣会出版的那部主要是辑自‘中国古代百科全书’的伟大著作”。由此可见贾思勰《齐民要术》对达尔文的间接影响。

20世纪，特别是50年代以后，西方开始译介贾思勰《齐民要术》。1975年，日本人天野元之助在《中国古农书考》一书中曾提到，英国的白馥兰（Francesca Bray）在李约瑟（Joseph Needham，1900—1995）指导下进行《齐民要术》的英译。天野还写道，听说把《四民月令》德译的赫茨（Christine Herzer）在从事《齐民要术》的德译工作。在李约瑟主编的《中国科学技术史》第六卷的农学分册（由白馥兰撰写，英国剑桥大学出版社1984版）中，贾思勰《齐民要术》被引用50多处并有专节叙述。书中可以见到石声汉英译版《〈齐民要术〉概论》的较多影响。白馥兰在撰著中对贾思勰的身世背景作了一般叙述，侧重于《齐民要术》的农业技术体系构建，就种植制度、耕作水平、农器组配、养畜技艺、加工制作以及中西农耕作业比较进行了阐说。这些都表明贾思勰《齐民要术》在西方的影响在逐渐扩大，研究水平在不断提高。

附：

20 世纪 20 年代至今《齐民要术》研究文献目录[1]

001 《中国农书提要：〈齐民要术〉》，陆费执，《中华农学会丛刊》1927年总第54期。

002 《农业书报解题：〈齐民要术〉》，万国鼎，《农林新报》1928年第138期。

003 《〈齐民要术〉解题》，万国鼎，《图书馆学季刊》1928，2(3)。

004 《〈齐民要术〉版本考》，栾调甫，齐鲁大学《国学汇编》第二册，齐鲁大学，1934年6月。

005 《〈齐民要术〉引用书目考证》，胡立初，齐鲁大学《国学汇编》第二册，齐鲁大学，1934年6月。

006 《〈齐民要术〉中的田器及主要用法》，陶希圣，《国学季刊》1936，5(2)。

007 《〈齐民要术〉里田园的商品生产》，陶希圣，《食货》1936，3(4)。

008 《读〈齐民要术〉》，何若鼎，《风雨谈》1944，6(12)。

009 《〈齐民要术〉：中国古代一部重要农书》，曲直生，《中央日报》1947年10月1日。

010 《〈齐民要术〉与旱地农业》，[日]天野元之助，《社会经济史学》1949，15(3)。

[1] 20 世纪 20 年代至 90 年代末的资料主要由中国农业博物馆闵宗殿研究员提供。2001 年至今的材料来自薛彦斌、崔效杰《对 20 世纪以来〈齐民要术〉国内研究学者与成果的分类》(《中国农史》2006 年增刊)。

011 《贾思勰与〈齐民要术〉》，万国鼎，《光明日报》1955年4月11日。
012 《〈齐民要术〉所记农业技术及其在中国农业技术史上的地位》，万国鼎，《南京农学院学报》1956年第1期。
013 《从〈齐民要术〉看我国古代的作物栽培》，游修龄，《农业学报》1957，7(1)。
014 《论〈齐民要术〉——我国现存最早的完整农书》，万国鼎，《新华半月刊》1956年第7期，《历史研究》1956年第1期。
015 《〈齐民要术〉是怎样的一部书》，万国鼎，《历史教学》1956年第11期。
016 《从〈齐民要术〉看中国古代的农业科学知识：整理〈齐民要术〉的初步总结》，石声汉，科学出版社1957年版，《西北农学院学报》1956年第5期。
017 《〈齐民要术〉：一千四百多年前我国的一部完整农书》，王毓瑚，《读书月报》1956年第5期。
018 《〈齐民要术〉和古代农业》，《文汇报》1957年1月8日。
019 《读〈齐民要术〉札记之一斑》，王佩诤，《华东师大学报（人文版）》1957年第3期。
020 《探索〈齐民要术〉中的生物学知识》，石声汉，《生物学通报》1957年第1期。
021 《〈齐民要术〉今释》，石声汉，科学出版社1957年版。
022 《〈齐民要术〉的撰者、注者和撰期：对祖国现存第一部农书的一些考证》，梁家勉，《华南农业科学》1957年第3期。
023 《对〈齐民要术〉今释质疑》，《学术月刊》1958年第6期。
024 《〈齐民要术〉研究》，李长年，农业出版社1959年版。
025 《〈齐民要术〉调查研究的尝试》，丛林，《农史研究集刊第一册》，科学出版社1959年版。

026《古代的农书:〈齐民要术〉》,刘勉之,《人民日报》1959年4月9日。

027《贾思勰和〈齐民要术〉》,吴雁南,《人民日报》1961年4月7日,《贵州日报》1961年10月19日。

028《贾思勰和〈齐民要术〉》,吴雁南,中华书局1959年版,1980年版。

029《贾思勰》,荀萃华,《中国古代科学家》,中国科学院自然科学史研究室,科学出版社1959年版,1963年版。

030《古代的农书:〈齐民要术〉》,吴晗,《灯下集》,三联书店1960年版。

031《〈齐民要术〉与抗旱保墒》,亦农,《山西日报》1961年6月10日。

032《我国古代杰出的农学家:贾思勰》,张习孔,《工人日报》1961年6月25日。

033《谈〈齐民要术〉的历史背景》,王仲荦,《大众日报》1961年6月25日。

034《〈齐民要术〉初探》,方铭,《安徽日报》1961年10月21日。

035《从〈齐民要术〉看古代蔬菜生产》,李家文,《大众日报》1961年12月9日。

036《〈齐民要术〉考证》,曲直生,《中国粮政》1961年第18期。

037《杰出的古农学家贾思勰》,万国鼎,《中国青年报》1961年10月26日。

038《有关〈齐民要术〉的几个问题》,王仲荦,《文史哲》1961年第3期。

039《一位治学谨严的科学家:访石声汉教授校释〈齐民要术〉的经过》,孙建,《陕西日报》1962年6月19日。

040《贾思勰和〈齐民要术〉》,羽白,《大公报》(北京)1962年10

月18日。

041 《贾思勰〈齐民要术〉》,万国鼎,《中国农报》1962年第4期。

042 《对〈齐民要术〉畜牧部分若干问题的浅探》,刘龙驹,《山东农学院学报》1962年第7期。

043 《〈齐民要术选读本〉评介》,王毓瑚,《中国农报》1962年第11期。

044 《读〈齐民要术〉札记》,任林圃,《文史哲》1962年第6期。

045 《山东三大农学家》,中国科学院山东分院历史研究所,山东人民出版社1962年版。

046 《〈齐民要术〉所记农业技术及其在中国农业技术史上的地位》,《科学研究报告汇编:农业遗产部分》,南京农学院,1962年12月。

047 《我国古代杰出的农学家:贾思勰》,周余庆,《新民晚报》(上海)1963年2月25日。

048 《〈齐民要术〉十种校宋本题记》,缪启愉,《图书馆》1963年第2期。

049 《一位杰出的古代农学家:贾思勰》,杨直民,《农业技术》1963年第1期。

050 《读〈读齐民要术札记〉》,缪启愉,《文史哲》1963,4(2)。

051 《从〈齐民要术〉看北魏对桑田的规定》,傅举有,《光明日报》1964年7月29日。

052 《〈齐民要术〉和法家思想》,李群,《人民日报》1974年9月16日,《新疆农业科技》1974,(5/6)。

053 《贾思勰的〈齐民要术〉宣传法家思想》,裴震,《文汇报》1974年9月23日。

054 《重耕稼集前人经验　贾思勰著〈齐民要术〉》,上海农业科学院理论学习小组,《解放日报》1974年10月7日。

055 《贾思勰的〈齐民要术〉》，郑理文，《湖北日报》1974年10月12日。

056 《贾思勰》，言风，《天津日报》1974年11月5日。

057 《〈齐民要术〉是法家重农思想的产物》，薛明，《西安日报》1974年11月21日。

058 《贾思勰的〈齐民要术〉》，临清县烟店公社明寨大队理论小组，《大众日报》1974年12月11日。

059 《从贾思勰的〈齐民要术〉看法家的重农路线》，吉林农业大学理论学习小组，《吉林日报》1974年12月19日。

060 《贾思勰的〈齐民要术〉与法家路线》，吴雁南，《资料》第三期，四川省哲学社会科学研究所，1974年。

061 《从〈齐民要术〉看法家路线对自然科学的促进作用》，李群，《北京大学学报：首届理科工农兵学员毕业实践专辑》，北京大学出版社1974年版。

062 《〈齐民要术〉和我国古代微生物学》，卫群，《微生物学报》1974年第2期。

063 《从〈齐民要术〉看中国古代农学史上的儒法斗争》，黄天绶，《遗传学报》1974，1(2)。

064 《读〈齐民要术〉序试谈贾思勰的法学思想》，陈恩凤，《辽宁农学院学报》1974年第2期。

065 《贾思勰的法家思想和〈齐民要术〉》，甘肃农大林果系学习批判组，《甘肃农业大学学报》1974年第3期。

066 《贾思勰简介》，《甘肃农业大学学报》1974年第3期。

067 《〈齐民要术〉节译》，吉林大学生物系生物化学专业师生，《吉林大学学报》1974年第3期。

068 《从〈齐民要术〉看法家路线对我国古代科学技术发展的促进

作用》，柯为民，《遗传学通讯》1974年第3期。

069 《〈齐民要术〉简述》，山西师院生化系7302班理论小组，《山西师范学院学报》1974年第4期。

070 《读〈齐民要术·序〉》，中国科学院微生物研究所《齐民要术》研究小组，《微生物学通报》1974年第4期。

071 《贾思勰和他的〈齐民要术〉》，辛敏，《教育革命通讯》1974年第7期。

072 《从〈齐民要术〉看法家思想对农业科学的促进作用》，郑理文，《湖北农业科学》1974年第12期，《甘肃农业科技》1975年第2期。

073 《要坚持一条正确的思想路线：从〈齐民要术〉看儒法两条认识路线的斗争》，长春市轻化工业局第八期工人儒法斗争史学习班，《吉林日报》1975年1月28日。

074 《贾思勰和他的〈齐民要术〉》，刘孝良，《安徽日报》1975年2月1日。

075 《从〈齐民要术〉看贾思勰的法家思想》，申吾析，《甘肃日报》1975年2月21日。

076 《读〈齐民要术〉的一点体会》，江苏省南京市十月人民公社十月大队理论小组，《光明日报》1975年3月5日。

077 《贾思勰及其〈齐民要术〉的进步作用》，广西师院生物系写作组，《光明日报》1975年3月5日。

078 《〈齐民要术·序〉评注（节选）》，南京师院生物系七三级学员理论小组，《南京师院学报（自然版）》1975年增刊。

079 《〈齐民要术〉中的制曲酿酒》，中国科学院微生物研究所《齐民要术》研究小组，《微生物学报》1975，15（1）。

080 《〈齐民要术·序〉评注》，任平，《甘肃农业大学学报》1975年第1期。

081 《〈齐民要术·序〉浅谈》，任平，《甘肃农业大学学报》1975年第1期。

082 《贾思勰》，潘荫绩，《武汉大学学报（自然版）》1975年第1期。

083 《〈齐民要术〉与儒法斗争》，北京市海淀区东升人民公社北京经济学院三结合理论小组，《农业科技通讯》1975年第2期。

084 《〈齐民要术〉中的尊法反儒思想和唯物主义自然观》，厦门大学自然观上儒法斗争研究组第三小组，《厦门大学学报（自然版）》1975年第2期。

085 《〈齐民要术〉中的黄衣、黄蒸和制酱》，卫民，《微生物学通讯》1975，2（1）。

086 《从〈齐民要术〉看法家思想对农业科学的促进作用》，刘艳芬，《哈尔滨师院学报》1975年第2期，《遗传学报》1976，3（4）。

087 《法家路线促进科学技术发展：读贾思勰的〈齐民要术·序〉》，北京师范大学哲学系辩证法组，《北京师范大学学报》1975年第1期。

088 《〈齐民要术〉中的生物进化思想》，柯为民，《遗传学报》1975，2（3）。

089 《〈齐民要术〉在植物学上的成就》，王正周，《植物学杂志》1975，2（3）。

090 《〈齐民要术〉选注》，刘民壮，《自然辩证法》1975年第1期。

091 《略谈贾思勰及其〈齐民要术〉》，许位庆等，《教育》1975年第5期。

092 《贾思勰尊法反儒思想和他在科学上的成就：从〈齐民要术〉谈起》，张本能，《植物分类学报》1975，13（4）。

093 《贾思勰与〈齐民要术〉》，大光，《中国古代科学家史话》，本书编写组，辽宁人民出版社1975年版。

094 《试论贾思勰的思想和他在酿酒发酵技术上的成就》,罗志腾,《西北大学学报》1976年第1期。

095 《〈齐民要术〉及其作者贾思勰》,浙江农大理论学习小组,人民出版社1976年版。

096 《〈齐民要术〉中的酿醋》,门大鹏,《微生物学报》1976,16(2)。

097 《〈齐民要术〉中的豆豉》,门大鹏,《微生物学报》1977,17(1)。

098 《〈齐民要术〉中的乳酸发酵》,门大鹏,《微生物学报》1977,17(2)。

099 《后魏贾思勰的〈齐民要术〉研究》,[日]天野元之助,《中国科学与科学家》,京都大学人文科学研究所,1978年。

100 《农业科学家贾思勰》,李迪,《中国历史上杰出的科学家和能工巧匠》,内蒙古人民出版社1978年版。

101 《杰出的农业科学家贾思勰》,荀萃华,《科学技术发明家小传》,中国科学院自然科学史研究所,人民出版社1978年版。

102 《〈齐民要术〉在日本》,王永厚,《光明日报》1979年3月15日。

103 《从〈齐民要术〉试论贾思勰的世界观》,袁弘毅,《湖南农学院学报》1979年第3期。

104 《关于〈齐民要术〉所载桑、蚕品种的研究》,蒋猷龙,《蚕业科学》1979,5(1)。

105 《关于〈齐民要术〉所载桑、蚕品种的初步研究》,蒋猷龙,《中国古代农业科技》,本书编纂组,农业出版社1980年版。

106 《我国古代杰出的农业科学家:贾思勰》,郭胜,《内蒙古日报》1979年7月14日。

107 《贾思勰对农业科学的巨大贡献》,解恩泽,《在科学的征途上:中外科技史例选》,解恩泽等,科学出版社1979年版。

108 《贾思勰的朴素的唯物主义真理观》,方立天,《哲学研究》1979

年第4期。

109 《〈齐民要术〉中的生物学知识》,梁光商,《农史研究(第一辑)》,农业出版社1980年版。

110 《齐民要术》,石声汉,《中国古代农书评介》,农业出版社1980年版。

111 《贾思勰与〈齐民要术〉》,张波,《陕西农业》1980年第2期。

112 《贾思勰和他的〈齐民要术〉》,柳学青,《农业知识》1980年第10期。

113 《我国古代杰出的农业科学家贾思勰》,彭世奖,《中学历史教学》1980年第5期。

114 《对〈齐民要术〉中腌渍蔬菜技术的探讨》,张发柱,《调味副食品科技》1981年第5期。

115 《〈齐民要术〉记载的谷子品种不是86个》,古世禄,《山西农业科学》1981年第10期。

116 《贾思勰:北魏后期》,杜江生等,《历史教学》1981年总第43期。

117 《贾思勰和〈齐民要术〉》,李长年,上海科技出版社1981年版。

118 《贾思勰》,曾少潜,《世界著名科学家简介》,科技文献出版社1981年版。

119 《世界最古的农书之一:〈齐民要术〉》,桑润生,《百科知识》1981年第7期。

120 《贾思勰与〈齐民要术〉》,翟宛华等,《兰州学刊》1981年第1期。

121 《〈齐民要术〉是怎样一部书》,林焕之等,《中国史问答:古代史部分》,黑龙江人民出版社1981年版。

122 《贾思勰和〈齐民要术〉》,张润生,《中国古代科技名人传》,中国青年出版社1981年版。

123 《贾思勰和〈齐民要术〉》，起君，《光明日报》1982年1月15日。
124 《有关〈齐民要术〉若干问题的再探讨》，梁家勉，《农史研究（第二辑）》，农业出版社1982年版。
125 《农史小资料：齐民要术》，《农业科学实验》1983年第2期。
126 《介绍〈齐民要术〉新校译本》，杨直民，《农业图书馆杂志》1983年9月。
127 《要在安民　富而教之：从〈齐民要术·序〉看贾思勰的经济思想》，高振铎，《中国古代经济史论丛》黑龙江人民出版社1983年版。
128 《贾思勰与〈齐民要术〉》，武英，天津日报1984年2月14日。
129 《〈齐民要术〉中旱地农法与近代实验科学原理的比较（摘要）》，[日]熊代幸雄，郑瑞戈译，《农业考古》1985年第1期。
130 《〈齐民要术〉中有关果树的栽培技术》，许荣义，《农业考古》1985年第1期。
131 《科学家论方法（2）：贾思勰》，张湘琴，内蒙古人民出版社1985年版。
132 《〈齐民要术〉中的果树遗传育种》，匡明纲，《中国农史》1985年第1期。
133 《〈齐民要术〉一书中的生态学知识》，陈良文，《农业考古》1985年第2期。
134 《〈齐民要术〉征引农谚注释并序》，马宗申，《中国农史》1985年第3期。
135 《〈齐民要术〉谚语的解释问题》，缪启愉，《中国农史》1985年第4期。
136 《〈齐民要术〉：世界上最早的一部农业百科全书》，周彬，《甘肃农业科技》1985年第6期。

137 《〈齐民要术〉成书时代背景试探》，梁家勉，《农史研究（第六辑）》，农业出版社1985年版。

138 《从〈齐民要术〉看贾思勰的著书目的和农学思想》，金秋鹏，《科技史文集》第14辑，上海科学技术出版社1985年版。

139 《〈齐民要术〉农谚辩疑：答缪启愉先生》，马宗申，《中国农史》1986年第2期。

140 《〈齐民要术·雩都·甘蔗〉资料来源小考》，陈推诚，《农业考古》1986年第2期。

141 《略谈〈齐民要术〉的农副产品加工技术成就》，马万明，《中国农史》1986年第2期。

142 《再说〈齐民要术〉农谚》，缪启愉，《中国农史》1986年第4期。

143 《〈齐民要术〉所记述林业技术的研究》，熊大桐，《中国农史》1987年第1期。

144 《〈齐民要术〉中利用微生物的科学成就》，缪启愉，《古今农业》1987年第1期。

145 《〈齐民要术·种胡荽第二十四〉试校》，孟方平，《中国农史》1987年第2期。

146 《从〈齐民要术〉看魏晋南北朝时期的烹饪技术》，穆祥桐，《农业考古》1987年第2期。

147 《从〈齐民要术〉看我国魏晋南北朝时期的相畜禽术》，马万明，《古今农业》1988年第2期。

148 《中国农业科技发展史略：〈贾思勰与齐民要术〉》，郭文韬，中国科学技术出版社1988年8月版。

149 《简论〈齐民要术〉农业思想的借鉴意义》，刘枫，《农业经济效果》1988年第5期。

150 《贾思勰经济思想初探》，陈秀娟，《长春师院学报（社科版）》1988年第5期。

151 《〈齐民要术〉的经济思想》，路兆丰，《江西社会科学》1990年第2期。

152 中国古代农业科学家小传：《北魏农学家贾思勰和齐民要术》，张波，陕西科技出版社1984年版。

153 《〈齐民要术〉的经济思想（续）》，路兆丰，《江西社会科学》1990年第3期。

154 《从〈齐民要术〉看我国古代树木栽培管理技术经验》，余孚，《古今农业》1990年第1期。

155 《齐民要术导读》，缪启愉，巴蜀书社1989年版。

156 《浅谈〈齐民要术〉的富民思想》，张一仪，《农业考古》1991年第1期。

157 《〈齐民要术〉畜牧篇疑文试析》，孟方平，《中国农史》1991年第3期。

158 《达尔文与〈齐民要术〉》，潘吉星，《农业考古》1990年第2期。

159 《中国农业文明史话：〈齐民要术〉》，闵宗殿、纪曙春，中国广播电视出版社1991年版。

160 《中国古代科学家传记（上集）：贾思勰》，杨直民，科学出版社1992年版。

161 《中日文化交流史大系科技卷：农业著作的传流》，杨直民，浙江人民出版社1996年版。

162 《贾思勰与〈齐民要术〉》，李群，《自然辩证法研究》1997年第2期。

163 《从〈齐民要术〉看少数民族对中国科技文化发展的贡献》，李根蟠，《中国农史》2001年第2期。

164 《“陈旉农书”与“三才”理论——与〈齐民要术〉比较》，李根蟠，《华南农业大学学报》2003年第2期。

165 《试论中国古代农业史的分期和特点》，《“多元交汇”的中国传统农业》，李根蟠，中国农业历史与文化网站在线论文。

166 《中国农史研究的回顾与展望》，李根蟠，《古今农业》2003年第3期。

167 《〈齐民要术〉何以无养狗的论述——牧区文化对中原文化影响之一例》，李根蟠，中国经济史论坛在线论文。

168 《“三才”理论与中国传统农学论略》，李根蟠，2002年中日韩农史研讨会论文。

169 《汉魏之际社会变迁论略》，李根蟠，《中国社会历史评论》第三辑，中华书局2001年版。

170 《古籍中的稷是粟非穄的确证》，李根蟠，《中国农业科学》2000年第5期。

171 《稷粟同物，确凿无疑——千年悬案“稷穄之辨”述论》，李根蟠，《古今农业》2000年第2期。

172 《〈齐民要术〉的成书背景再论》，王玲，《中国农史》2002年第2期。

173 《魏晋北朝时期内迁胡族的农业化与胡汉饮食交流》，王玲，《中国农史》2003年第4期。

174 《〈齐民要术〉札记三则》，阚绪良，《中国农史》2003年第4期。

175 《〈齐民要术〉卷前“杂说”非贾氏所作新证》，阚绪良，《安徽广播电视大学学报》2003年第4期。

176 《农本与求利:〈齐民要术〉农业经营思想研究》,严火其,《中国农史》2001年第1期。
177 《宁可少好,不可多恶——传统农业经营观念的现代化诠释》,严火其,新华文摘论点摘编,《江海学刊》2001年第6期。
178 《我国农业以种植业为主原因探析》,严火其,《中国农史》2001年第4期。
179 《贾思勰、王祯评传》,严火其,南京大学出版社2001年版。
180 《试论〈齐民要术〉的主要哲学思想》,盛邦跃,《中国农史》2001年第3期。
181 《试论中国古代农业思想中的"人本意识"的启示》,盛邦跃,《科学技术与辩证法》2001年第2期。
182 《从"三才论"到"可持续农业"》,盛邦跃,《江苏社会科学》2001年第3期。
183 《中国古代农业思想中的"民本意识"及启示》,盛邦跃,《南京农业大学学报》2001年第1期。
184 《中国古代名著导读》,盛邦跃,安徽教育出版社2003年版。
185 《古代大豆及其制品的药用》,杨坚,《古今农业》2001年第2期。
186 《我国古代大豆酱油生产初探》,杨坚,《中国农史》2001年第3期。
187 《〈齐民要术〉中的肉食初探》,杨坚,《南宁职业技术学院学报》2004年第2期。
188 《中国豆腐的起源与发展》,杨坚,《农业考古》2004年第1期。
189 《〈齐民要术〉所记载的肉食加工与烹饪方法初探》,杨坚,《中国农史》2004年第3期。
190 《中国传统经济史学视野下的〈齐民要术〉》,王志刚,中华文史网在线论文。
191 《〈齐民要术〉的林副产品贮藏加工与利用的整理研究》，郭风平，《农业考古》2003年第3期。
192 《魏晋南北朝时期北方农业的进与退》，刘磐修，《史学月刊》2003年第2期。
193 《中国古代种芋法的技术演进及其对现代农学的贡献》，李庆典，《中国农史》2004年第4期。
194 《食用芋类的进化、分类与遗传资源保存》，李庆典，《作物研究》2002年第6期。
195 《芋(Colocasia esculenta)的民族植物学》，李庆典，《植物资源与环境学报》2005年第1期。
196 《〈齐民要术〉所见农民和市场的关系》，蒋福亚，《首都师范大学学报(社会科学版)》2002年第2期。
197 《〈齐民要术〉与汉语词汇史研究》，程志兵，《伊犁教育学院学报》2004年第3期。
198 《〈齐民要术〉新词新义简论》，程志兵，《伊犁师范学院学报》2005年第4期。
199 《〈齐民要术〉中所见词源举隅》，程志兵，《伊犁师范学院学报》2001年第4期。
200 《中古时期一部重要的文献——〈齐民要术〉》，刘洁，《古籍整理研究学刊》2004年第3期。
201 《试论〈齐民要术〉的语料价值》，汪维辉，《古汉语研究》2004年第4期。
202 《〈齐民要术〉“喜烂”考辨的方法论》，汪维辉，《古籍整理研究学刊》2002年第5期。

203 《〈齐民要术〉校释商补》,汪维辉,《文史》2003年第4期。
204 《〈世说新语〉〈齐民要术〉〈洛阳伽蓝记〉〈贤愚经〉〈百喻经〉中的“已”“竟”“讫”“毕”》,蒋绍愚,《语言研究》2001年第1期。
205 《从〈齐民要术〉看古代农学与儒学的关系》,乐爱国,《儒家文化与中国古代科技》,中华书局2002年版。
206 《〈齐民要术〉中的林业思想和林业技术探讨》,周敏,《浙江林业科技》2004年第1期。
207 《贾思勰和〈齐民要术〉》,梁燕君,《粮食科技与经济》2003年第3期。
208 《〈齐民要术〉之饼食文化》,赵建民,《扬州大学烹饪学报》2003年第1期。
209 《〈齐民要术〉对开发中国传统食品的启示》,欧阳韶晖,《西北农林科技大学学报(自然科学版)》2002年第1期。
210 《〈齐民要术〉有关“得名之由”的探讨》,曾昭聪,《华南农业大学学报(社会科学版)》2005年第2期。
211 《〈齐民要术〉中的药用植物学知识》,张炯炯,《中医文献杂志》2002年第3期。
212 《〈齐民要术〉部分饮食品溯源》,孙一慰,《扬州大学烹饪学报》2004年第4期。
213 《〈齐民要术〉特殊注音浅论》,储泰松,《南京师范大学文学院学报》2005年第2期。
214 《〈齐民要术〉双音节词在汉语史中的承传》,张舸,《社会科学辑刊》2005年第6期。
215 《探方法本源、明造化机理——〈齐民要术〉豆酱法步韵》,陈苍林,《中国酿造》2005年第4期。

附录

一、贾思勰里籍、身世的有关考证

栾调甫:《〈齐民要术〉作者考》(摘录)[1]

讨论《齐民要术》作者贾思勰始末的问题,首先是根据本书有关作者本身的记载,按照年代、籍贯、学业分作三类,然后依类参合史传资料考证之。

年代:(一)卷七《造神曲并酒》篇,作糯米酒法自注云:“此元仆射家法。”按此为作者集录各家作酒法之一,其云“元仆射”者为任城王澄子元顺。据《魏书·诸王传》考之,顺在肃宗孝昌二年(公元526年)四月,为吏部尚书兼右仆射,“后除征南将军,右光禄大夫,转兼左仆射”。至武泰元年(公元528年)四月,尔朱荣奉立庄帝,召百官悉至河阴。“荣素闻顺数谏诤,惜其亮直。谓朱瑞曰:‘可语元仆射,但在省,不须来。’顺不达其旨,闻害衣冠,遂便出走,为陵户鲜于康奴所害。”“庄帝闻之敕侍中元祉曰:‘元仆射清苦之节,死乃益彰。’”顺在生前死后,上下通称仆射。作者录其作酒法,谓之“元仆射家法”,正合当时之称。其为同世人语,是毫无疑问的。因此据以考定年代,是在元魏肃宗之世。

(二)卷五《种桑、柘》篇“可以当食”句下自注云:“今自河以北,

[1] 本文原载山东省人民政府参事室、山东省文史研究馆编《文史资料》1990年第2期。

大家收百石,少者尚数十斛。故杜葛乱后,饥馑荐臻,唯仰以全躯命;数州之内,民死而生者,干椹之力也”。这是作者为证明桑葚可以当食,所记当时河北乱后救饥的事实。“杜葛”是杜洛周和葛荣。按《魏书》肃庄二帝本纪,杜洛周为柔玄镇人,孝昌元年(公元525年)八月“率众反于上洛”,后“为葛荣所并”。下至建义元年(公元528年)九月,尔朱荣出师讨葛荣,擒之于滏口,“冀定沧瀛殷五州平”,于是改为永安元年。所谓五州者,共领十八郡。除乐陵及安德两郡在今山东省北部,其余的同在今河北省境内,正当作者注文所谓“自河以北”之地。又《魏书·崔孝暐传》云:“孝庄初,征拜通直散骑常侍……寻除赵郡太守。郡经葛荣离乱之后,民户丧亡,六畜无遗,斗粟乃至数缣,民皆卖鬻儿女。夏椹大熟,孝暐劝民多收之。”按赵郡为殷州所领三郡之一,孝暐劝民多收桑葚郡内乃安,正合作者注文所谓“数州之内,民死而生”之语。而《传》云,“夏椹大熟”为永安二年事,注文所谓“今”者当去是年不远。因此据以考定年代,是在元魏庄帝之世。

(三)卷一《种谷》篇区种法下农夫附注云:“西兖州刺史刘仁之,老成懿德,谓余言曰:‘昔在洛阳,于宅田以七十步之地,试为区田,收粟三十六石。’然则一亩之收,有过百石矣。”这是作者为证明区种法的高产,引其同时人刘仁之亲身实验的话。《魏书·刘仁之传》:“仁之字山静……少有操尚……御史中尉元昭引为御史,前废帝时兼黄门侍郎,深为尔朱世隆所信用。出帝初为著作郎,兼中书令……出除卫将军西兖州刺史,在州有当时之誉,武定二年卒。……在晋阳曾营城雉,仁之统监作役,以小稽缓,遂杖前殷州刺史裴瑗、并州刺史王绰,齐献武王大加谴责。”按《传》云,“御史中尉元昭”,当为彭城王勰子元劭。劭为御史中尉在孝昌三年(公元527年)七月后,这时仁之为南青州刺史胡平长史,其为御史当在是年十月前,“兼黄门侍郎”当在普泰元年(公元531年)。总计前后已有五个年头,当即其谓“昔居洛阳”之日。《仁之传》云“河南洛阳人”,又云“其先代人徙于洛”,当是从代随都南迁的。自太和迁都(公元494年)以后,至是将近四十载。唯此五年中,变乱频仍,国用不足,“百官绝禄”。把仁之在洛阳“试为区田”列在此时是合于事实的。其“为著作郎”,在永熙元年(公元532年),其在晋阳“统监作役”,当为是年七月高欢得并州,“以晋阳四塞”建大丞相府时。《传》云“兼中书令”,据《北史·孟业传》,静帝天平三年(公元536年),仁之为定州长史,未久入为中书令,当即《传》文所谓“兼”者,其后出为西兖州刺史,当在元象元年(公元538年)八月间,至武定二年(公元544年)卒,凡六年。依照以上所考事年,推及作者附注之文,应作于元象元年后。因此据以考定年代,是在东魏静帝之世。

根据以上三条考证来说,自公元526年至538年,一共是12个整年,为作者可考的年代。假如在这时期的初年,作者年在50岁以上,生年当在太和元年(公元477年)前,卒年应在元象元年(公元538年)后,年纪在60岁以上。

籍贯:(一)卷一《耕田》篇崔寔《政论》下附注云:“今自济州以西,犹用长辕犁、两脚耧。长辕耕平地尚可,于山涧之间则不任用,且回转至难,费力,未若齐人蔚犁之柔便也。两脚耧种,垅概,亦不如一脚耧之得中也。”这是作者附记济州以西用犁耧和齐人不同的情形。按济州五郡之地在今山东省西北部,所谓“齐人”是指当时青齐两州人说的。本书附注言及齐者,如卷八《黄衣、黄蒸及糵》篇作黄衣法注云:“齐人喜当风飏去黄衣,此大谬。”又如卷六《养牛、马、驴、骡》篇家政法注云:“四月青草,与茭豆不殊,齐俗不收,所失大也。”这两处说的“齐”也当依此为释。因作者在书中屡次提到齐人齐俗,故据以考定为当时的青齐两州人。

(二)卷四《种椒》篇首附注云:“按:今青州有蜀椒种,本商人居椒为业,见椒中黑实,乃遂生意种之。凡种数千枚,止有一根生。数岁之后,便结子,实芬芳,香、形、色与蜀椒不殊,气势微弱耳。遂分布栽移,略遍州境也。”这是记述青州种蜀椒的起源和“分布栽移,略遍州境”的事实。虽然始种之年未详,以其不见故书旧记,当为本州流传之语。因作者的记述本于乡里遗闻,故据以考定为当时的青州人。

(三)卷四《种枣》篇首附注云:“按:青州有乐氏枣,丰肌细核,多膏肥美,为天下第一。父老相传云:‘乐毅破齐时,从燕赍来所种也。’齐郡西安、广饶二县所有名枣,即是也。”这是作者记青州的名枣,及其得种和栽种的来由。按注文说的父老,当指其本州而言,可以佐证(二)条的考定。齐郡为青州所领的首郡,西安广饶是其领属的县。因作者特为提出产生名枣的两县,故据以考定为当时的青州齐郡人。

根据以上三条考证来说,作者籍贯已经考至齐郡,而未能推定其县者,因为郡所领九县,曰临淄、曰昌国、曰益都、曰盘阳、曰平昌、曰广饶、曰西安、曰安平、曰广川。在《要术》正文和附注中,只见到西安、广饶两县。据以考定作者属籍的县,是不会得出正确结论的。

学业:《要术》全书集录有关农业的资料,总计引用多至一百数十种。据所引用各书看来,作者学识是丰富的。就其援引经部传注考之,《易》为王廙《易传注》,《书》为《孔氏传》,《诗》为《毛公传》,

《周官礼记》为《郑玄注》,《春秋左传》为《杜预注》。这几部传注,在南北朝时期,属于南派经学。南派同北派为对立之名,是按照其传行地区分的。北派出于郑玄,《诗》用《毛传》、《郑笺》,《易》、《书》、《礼》用《郑注》,《左传》用《服虔注》。南派兴于魏晋,《诗》主《毛传》,《礼》仍《郑注》,《易》用《王弼注》,《书》用《孔氏传》,《左传》用《杜注》。按东晋初置五经博士,已废郑易而立王弼。《书》及《左传》,郑、服而外,复立孔、杜。王、孔、杜三家同是魏晋间出的新传注,也就是同郑氏具有对立性的新学派。因此之故,三家盛行,郑、服渐废。下至南北朝时期,遂形成南派经学。南派经学,初行于南,而未及北。及元魏中叶,逐年北侵,兼有河南青齐之地。南学始传于北,而与郑学并行。《北史·儒林传》序云:"玄《易》《书》《诗》《礼》……虔《左氏春秋》……大行于河北。"又云:"晋世杜预注左氏,预玄孙坦,坦弟骥,于宋朝并为青州刺史,传其家业,故齐地多习之。"又云:"河南及青齐之间,儒生多讲王辅嗣所注周易,师训盖寡。"其分述两派传注,以及传行地区,和《杜注》传授,是明确可据的。而河南、青齐之地,没于晋永嘉之乱。其时孔氏经传未出,王杜两注尚未大行。下至义熙年间,两地复归于晋,统计前后已过百年。在此百年沦陷期内,王孔杜三家的传注,当然不能传行其地。至序云坦骥"传其家业",按《宋书》各传及志考之,骥为青州刺史,在元嘉十七年(公元440年),二十四年征为左军将军,以其兄坦代为刺史,而担任至二十七年,总计两任共11年。又按本传云,骥"在任八年,惠化著于齐士"。其在青州讲授《杜注》,当即所谓"惠化"之一。这是坦骥兄弟"传其家业"于青州的事证,也就是在此以前南学未入其地的事证。又按晋复青州在义熙六年(公元410年),宋失青冀之地在泰始五年(公元469年),前后一共是60年。在此60年的时间内,齐地传习《杜注》

已经20多年。从而推求王孔的《易注》《书传》，应当是同时或先后传入的。所以元魏得青州后，北朝著述兼涉南学。举其事之显然者，如范阳郦道元幼居青州，所著《水经注》兼引《孔传》、杜预之说。清河房景先长还其乡，所作《五经疑问》也有《尚书》胤征之问，以及《北史》序言河南青齐儒生讲《王弼易》，其人其地都和青州绾连，可用以证其然。作者贾思勰青州人，与郦房二人同时，就其所引传注言之，《杜注》、《孔传》悉同今本，其为南学已无疑问。而王廙《易传注》，据廙为东晋初人，著《周易注》12卷。所谓《易传注》，当系摘取廙注系辞以下四篇，为王弼《易续注》合成的十卷本。因当时《续注》之本不下十家，而韩康伯《续注本》为世所重，故作者别而谓之《易传注》。其实仍属王弼易学系统，例应归于当时南派经学。又其引《诗》，《毛传》不及《郑笺》，引《书》，《孔传》不取《郑笺》，引《左传》，《杜注》不取服说，均与南学之黜郑、服相应。因此根据以上考证所得的结果，作者专治南派经学是肯定的。

总合以上三类的考定，作者是元魏时代的青州齐郡人，是一位学识丰富兼治南派经学的学者。生于公元477年前，卒于公元538年后，年纪约在60岁以上。这是考证作者始末所能得出的初步结论。

……

考定贾思勰与贾思同为一人，首先是根据以上两个考证的总结，从彼此三类对照中，求其相应合的条件，作为考定初步基础。

年代：□□□□(注：原文残缺，下同)

孝昌元年(公元525年)，两人和元兴交款，当在这六年之中，据此推至思伯、仁之应有的交谊，也就推到仁之、思同交接的可能。再从《要术》注文来说，仁之和作者的谈话，最少应有平交的关系，才能够谈到区田的事，这是作者和思同对仁之关系的符合点，也就是用作考定其为一人可据的凭证，次据《冯元兴传》，“义秉朝政，引元兴为尚书殿中郎，领中书舍人，仍御史……家数贫约，食客恒数十人，同其饥饱，曾无吝色，时人叹尚之……太昌初卒于家”，以太昌元年（公元532年）至武定二年（公元544年）仁之卒为12年，传称仁之积年营视元兴家即在此时期内，这是仁之不忘故旧和“营视其家”的美德，据《北齐书·循吏孟业传》和《北史·循吏孟业传》，仁之在天平中为定州长史，很敬重典签孟业的为人，当其被征入为中书令时，恐业在后不自保全，临路乃启刺史元韶，明业可信任，愿韶专任之，及其出为西兖州刺史，临别又对吏部崔暹说：“贵州人士唯有孟业，铨举之次不可忘也。”这是仁之重视人才和爱护好人的美德，从这两件事来看注文，作者称仁之“老成懿德”，完全是一个正确的品评，当然应有其相当的关系，这是作者和思同对仁之关系的符合点，也就是用作考定其为一人可据的凭证，以上为从两者年代的应合，进而追求其为一人的证佐，作为考定本问题的一个主要依据。

籍贯：据《要术》卷三《种胡荽》篇，“六月连雨时，穞生者亦寻满地”，穞字下“音吕”的本注，考论其音读的关系，按“穞生”两字原是一个通俗语的词，词意是指种子飘落土中的自然生长，也就是说未经过人工播种而生出的，穞生的穞字本作旅，如《东观汉记》“天下野谷旅生谷子”，即言野地里谷子普遍地自然产生着，这是其语见于史书最早的记录，然考旅字古有二音，一读与鲁同，一读与吕同，以其两读同出先秦，当为古代的地方音，《汉记》的“旅生”虽然没有音注，但据今山东省通俗语考之，旅生的旅是有这两个音的，按照山东音系的大部区域来说，东部地区通呼着鲁，西部地区通言如吕，论其语音不同的原因，是由语声撮合的异呼，分成鱼模韵部的两音，从而考定先后的字体，自其依声的借字，转为异体的形声，或依呼旅作鲁的音，造从禾鲁声的稆字，或依呼旅如吕的音，造从禾吕声的稆字，必定是当时有此两种不同的音，才造出这两个“同形不同声”的字，因此据以考定古代方言，汉语旅生是应有两音的。次按稆字见魏张揖《埤苍》，和稆字见晋袁宏《后汉纪》，应当为汉末的通俗文字，两书是各随其俗采用的，按照文字条例的规定来说，这两个字属于同义异音字类，只可以同用而不可同读一音，从而论其各自的音读，依声的旅字可读两音，而稆字音鲁，和稆字音吕，是各读一音的，以魏晋去汉未远，三字尚并行不废，而呼作稆、稆两字的音，应当从其本音读之，但自稆字收入埤苍□□□□□□□正体，旅、稆两字因之渐废不用，而其方音仍旧是并行的，因此，《要术》本文用当时通行的正体“稆”字，因为字的鲁声与作者地方音不同，恐一般识字不多的农民容易读错，所以才有本字附出“音吕”的注文，以上为说明注文“音吕”是作者本籍的地方音。在讨论今时方音时，除所分东西两部外，寿光赵东甫先生说，寿光语旅生作吕音，桓台一带便呼作鲁，在得到这个音证后，不但决定了《要术》音注为地方音，而以作者与寿光语同一音系，也和贾思同的益都籍相应合，自其音系的同一来说，虽然不能决定本问题，但以其不抵触为一人的考定，是可与各证配合作为依据的。

附记《要术》卷四《种枣》篇本注云：“按：青州有乐氏枣，丰肌细核，多膏肥美，为天下第一……齐郡西安、广饶二县所有名枣，即是也。今世有陵枣、幪弄枣也。”按齐郡二县，西安在今临淄县境内，广饶在今广饶县境内，据清康熙本《临淄县志》物产门，枣类中有铃枣、傥枣、小枣三种，以现在铃枣的肌核膏味，很合于丰细多美的条件，当即本注所说的陵枣，为西安所有名枣之一。又嘉庆本《寿光县志·物产门》云：“在昔北海之枣与仙纹绫丝同贡，而寿光所产最饶，故果之品必首曰枣也。"《志》以寿光产枣最饶，证汉北海郡的贡物，其说或有所本，惜未言及种类，不能据以考证，但以其事与思同益都籍有关，所以附记在本条后以备考案。

学业：《要术》卷十《菖蒲》条载："《春秋传》曰：'僖公……三十年……使周阅来聘，飨有昌歜。'杜预曰：'昌蒲菹也。'"按作者引《杜注》，与今集解本同，据《周礼·天官·笾人》疏引，《服注》云，"昌蒲昌本之菹"，《杜注》即取服说为之，服云"昌本之菹"者，据《仪礼·公食大夫礼注》云，"昌本昌蒲本菹也"，及《天官·醢人》注云，"昌本昌蒲根切之四寸为菹"，《服注》当本郑说为之，其释歜为菹者，是因歜本音读触(杵平声)，和菹字音相近，依声为之训的，昌与菖蒲二名，据昌见《周礼》、《仪礼》、《吕氏春秋》，及菖蒲见《韩非子》，当为古今命物的异名，依此说来，服云"昌本之菹"，即《郑注》"菖蒲本菹"，一依古名言之，一以今名释之，两者之言不同，其实是一样的，杜以传文无"本"字，所以改云"菖蒲菹"也是因其同读"昌歜"为昌菹，所以才如是改定服氏注文，因此，据杜预取用服氏旧义，可以决定作者引《杜注》，是属于当时南派的经学系统，这一说明以其不抵触思同为杜学的大师，是可以和各证配合而为考定一人的依据。

以上是从作者和思同应合的条件，说明其为一人的主要和次要依据，至于思勰、思同二名致异的原因，当分作两事来说，一为《要术》的题名，二为史传的异名，依次为之考证于下：

(一)《要术》题名的考证　按《要术》全书各卷的题款，"后魏高阳太守贾思勰撰"，所谓"后魏"是指元魏一朝说的，但据元魏碑志录文考之，或自称曰魏，或自称曰代，或两名兼用曰魏代，或加字曰大代皇魏，虽有此多种不同的称号，却没有见到自称后魏者，依此说来，后魏之称，当在其后，是无疑的。根据现在的考查：其见之石刻者，当以周曹纹乐碑为最早，按碑云“后魏太和三年”，以全碑文字推求其说，当因上文“魏武皇帝”，和“□为魏祖”两魏字，同是指的曹氏之魏，而“太和六年”的年号，又与元魏太和相同，为避免两魏及其年号的淆混，乃依元魏在曹氏后而加后字，按其以年代先后区分两朝，虽合于史家分称后汉之例，但只是取其差别作用，并非认为一代的称号，这是应该为之分清的；其见之古籍者，当以《隋书·经籍志》为最早，例如《经部·周易》十卷《注》云，“后魏司徒崔浩注”，《史部》的《魏书》改曰“后魏书”，正始诏刊的律令改曰“后魏律”，其为避免两魏的淆混，是和曹碑用意一样的，但查志中著录的书，如温子升《魏永安记》三卷，元晔(晖)业《后魏辩宗录》二卷，以及《大魏诸州记》二十一卷，其使用的名称也并不一律。据《隋书·经籍志》的修撰，是依《隋朝藏书目录》记其四部现存的书，和因《隋目》“时有残缺”附入其所遗者来说，志中名称的杂用并出，当为旧录新附的关系；次据唐初碑志文字，贞观永徽之世通称曰魏(公元637—652年)，显庆年中始见后魏之号(公元658年)，及唐初修成《五代史志》在显庆元年(公元656年)，和《经籍志》旧题“侍中郑国公魏征撰”，可以推定大魏等称出自新附，后魏之号为志录隋目的旧文，因为诏修《五代史志》在贞观十五年，魏征监修《经籍志》而卒于十七年(公元641—643年)，其时碑志既无后魏之称，志中附遗当然不会有的。至于唐人用作元魏的国号，乃因误据《五代史志》而起，并不是原来差别的意义。总结以上的考证，后魏之称，源起于周，行用于隋，初为区分两魏的差别，唐始用作元魏的国号，因此，可以确定《要术》题款，是经过后人的改订，已不完全是本书的旧题了。

从题款经过后人改订来说，《隋志要术》十卷《注云》“贾思勰撰”,其有撰人姓名而无朝代官位。虽和今本题款详略有异,但其姓氏名字是相同的,次据《志》中《洛阳伽蓝记》五卷《注》“后魏杨衒之撰”,和今传本的题款“后魏扶军府司马杨衒之撰”,以及《志》中注文本有详注略出的种种差异,可以推定其时著录本的题记已经过改订,而两书今本题款都是依录其改订的原款。次从本书考证来说,今本《要术》虽出宋刊,推究其源是出自唐人传录的本子,除因避讳改字和附入汉书注文外,对于原书的篇章并没有更动窜改,是可以认作贾氏当日撰集的原本。从作者《自序》说,“鄙意晓示家童,未敢闻之有识。故丁宁周至言提其耳,每事指斥不尚浮辞,览者无或嗤焉”,可以看到贾氏本意是为其家人从事生产而作的,从各篇首列所引为考证各个物名和其种类,以及篇后集录前人有关农事的记载和附注,也可以看出其书不是完全经过最后修整的定本,从《要术》的内容来说,这是一部专门的书,作者又是“采捃经传,爰及歌谣,询之老成,验之行事”撰集而成的,从其所谓采之、捃之、询之、验之的条件来说,当然他是随时根据闻见所及为之增订的,所以全书篇卷分合具有条理,而其集录附注各条不免杂乱,因此,推定《要术》原书,在作者生前是一个未定稿本,到作者卒后才逐渐传行于世。旁证之以《隋书·经籍志》的著录,和唐初李淳风的《演齐人要术》(见《旧唐书》本传),是可以确定其然的。因此,考证今本《要术》题款中的作者“贾思勰”,也就确定是出自贾氏家本的旧题了。

(二)史传异名的考证　古代一人只有一个名,是终身用之而弗改的,但在史书旧籍中,一人而有两个名,却是很常见的事。关于元魏一代的记载,就有着不很少的异名,其所以致异的原因,也有着种种不同,大别言之,可分两类,一为原记传录引起的异名,一为本人改名引起的异名。第一类中,有因传写致讹的异名,如元顼《魏书》误作元琪；有因避讳改字的异名，如元渊《北史》改作元深，而侯渊《北史》改作侯深又误作侯梁，就是因其讳改传讹为三个名的；有因字取通用而成异名的，如卫冀隆《北齐书》作卫觊隆；有因字从俗读而成异名的，如卫可环《北齐书》作卫可肱。以上都是因其原记传录所致，并不是本人生前原有的异名。第二类中，或因字义恶劣而改，如高闾本名曰驴，崔浩以同音字改之；或因"脱身去仇"而改，如梁萧综投奔元魏后，萧宝寅为之改名曰赞（《梁书》作缵）；或因及年就封而改，如"汝阴王天赐之第二子永全"，在袭封乐陵王后改名曰思誉；或因魏帝赐名而改，如张烈本名徽仙，太和中赐名曰烈；或因一再赐名而改，如于忠本名千年，太和中赐名曰登，景名中又赐名忠；或因赐号加字而改，如孙惠蔚本名蔚，"正始中侍讲禁内"，"论佛经有惬帝旨"，"加惠号惠蔚法师"，因是改名为惠蔚；或因与王同名而改，如《高佑传》云，"本名禧，以与咸阳王同名，高祖赐名佑"；或因避人家讳而改，如《元彧传》云："本名亮字仕明，时侍中穆绍与彧同署，避绍父讳启求改名。"以上列举的八个事例，都是本人生前的异名。总合两类异名来说，虽各具有不同原因，推求其改易的规律，不外改名、易字两项，据此两项分析本问题，勰、同是两个同训不同音的字，又是两个字形完全不同的字，当然没有易字混误的可能。次据思同"释褐彭城王国侍郎"，及思勰的勰和彭城王勰同字，援证第二类高佑赐名的事例，其为避彭城王而改作思同，是可以推定其然的。论其一代改名的风气，当以太和之世为最盛。其改名也，或出本人自改，或由赐名而改，其赐名也除因魏帝器重其人赐之嘉名而外，为避王公重臣之名也是主要因素。因为其时还循用旧制，当群臣论议以及奏事，虽"王公重臣皆呼其名"，按照这个制度来说，在其指斥呼应间，遇到同名的两个人，是容易引起混淆的，为避免混误的发生，所以有了改名的事。从其避皇帝名讳来说，当以品阶高下为应改的比重，所以高佑“学业优通知名前世”，不得不避咸阳王禧而改其名。元彧以其官给事黄门侍郎，不得不避侍中穆绍的家讳。又其时魏帝尊重宠臣，多有尊之而不呼名的，如“常谓（李）冲为中书”、“常呼（李）彪为李生”，甚至钦重南平王霄为之下诏曰：“自今奏事，诸臣相称，可云姓名，唯南平王一人，可直言其封。”虽然这只是太和中魏帝的一种偶然行动，但不久便成为趋避王公重臣名讳的风气，有如崔光本名孝伯和杨津本名延祚，应当为避其先和同朝的李孝伯、郭祚，才废弃本名启求赐名而改为光、为津的。又如《游肇传》云：“尚书令高肇，世宗之舅，为百寮慑惮，以肇名与己同，欲令改易，肇以高祖所赐，秉志不许。高肇甚衔之，世宗喜其刚梗。”也可以看出是一种趋势行为，并不是具有什么法定的条文，所以像高肇那样擅权专横，虽然把下级避同改名看做是“理所必然”的事，也不能强人就自己的心愿，因此，可推知为避同而改的，必定是出其本人的自愿。至于为避上官同名必侍启求赐名而改，因为其时遵守“君子已孤不更名”的古礼，高崔杨元四人都受着“已孤”的限制，借着赐名而改就可以“无违于礼”了，这是在礼教下不得不然的行动，高闾萧综改字改名也是如此的。贾思勰的改名，虽和高佑相同，但贾思同为彭城王国侍郎，据三章考证在太和二十年，这时思同的父母还都存在（见《贾思伯传》），当然不需要他人为之改名了，至其改本名思勰为思同，据《李灵传》云，“父勰字小同”，虽然立字和改名是两件事，但据李勰“傍名立字”的例子，已足够说明他是取本名勰的同义字来改名的。总合以上考证的结语是，思勰为本书作者的本名，思同是他入仕后的改名，也就是他入仕前后所有的两个异名。

附记《新唐书·宰相世系表序》贾氏云："诩，魏太尉，肃侯，生玑，驸马都尉，关内侯，又徙长乐，二子，通、延。通，侍中，车骑大将军，三子，仲安、仲谋、仲达。仲达，颍川太守，生疋，字延度，轻车将军，雍州刺史，酒泉郡公，二子，义、康。康，秘书监，二子，锴、钧。钧生弼，散骑侍郎，二子，躬之、匪之。躬之，宋太宰参军，四子，希镜、希远、希逸、希叟。希镜，南齐外兵郎，生拙，义兴郡太守，生执。梁太府卿，二子，暹，肇。肇二子，寰、宏。宏，后梁中军长史，生勰。北齐青、兖等州刺史，河东公，二子，嵲、巘。巘，殿中监，三子，懿、悫、宪。宪，避葛荣之乱，避地浮阳。"以上择录表序贾氏世系，自诩以下至宪共十七代，唯诩、疋、弼、匪之、希镜五人有史可以考按，其余14代中26人都不见于列传。今按贾使君碑云，"高祖腾，燕冀州别驾，宜都王司马，曾祖宏，少有令誉。未宦早丧，祖□□□□□□□□□□遂□青州□□录本州□中正，州主簿，齐郡太守"。这段文字中因原石字有泐损，仅仅思伯曾祖名字完而未缺，据其名宏与世系序肇子宏同名言之，序文"生勰"之勰可能是思勰单称的名，虽然世次还有差错，但从资料来说是可以解释的，因为贾使君碑立于思伯生前，《世系表》为宋人根据谱书所修，论其资料价值，本有等级可分。因此，讨论两者异同关系，当不外于两种情况，一为两人名字的偶同，一为谱书记录的阙误，而以后者可能性较大，例如《世系表》的序文中，其谓宏仕于后梁，宏子勰仕于北齐，勰孙宪避葛荣之难徙居浮阳，考按时代先后都不适合事实，因为后梁立国在北齐后五年（公元555年），而北齐之亡在后梁废前十年（公元577年），谓宏勰父子分仕南北两朝，同在这二十几年的时期内，已经是一件不寻常的事情，何况葛荣起事及灭在北齐以前二十多年，浮阳为沧州属郡又是葛荣所据五州之地，而谓宪因避难徙居浮阳，远在其祖仕于北齐以前，尤其为不可能的事，这都是序文中明显的罅漏，足够说明谱书记录之误的，从而追求其致误的原因，当出自谱中郡望的混误，因为据《三国志》贾氏两传考之，贾诩和贾逵两人同仕于魏朝，诩居武威郡姑臧，逵家河东郡襄陵，以两县之地相距较远，应该是同姓而非同族。按照谱书分别郡姓的成例，应当有武威、河东两个郡望，但查《世系表·序》，只有武威一族，自诩子玑徙长乐，三传至疋字彦度，始见于《晋书》列传，按《贾疋传》云，“字彦度，武威人，魏太尉诩之曾孙也”，序与本传世次虽差一代，其为武威一族是不错的。河东贾氏，据《贾逵传》及《晋书·贾充传》考之，逵子充，充无后，有弟混，从子彝、遵、模三人，从孙众及曾孙秃、湛二人，自逵至湛五世九人，均弗见于《世系表·序》，唯《序》文记疋后四世曰弼者，与其子匪之及孙希镜三人，同见《南齐书·贾渊传》中，按《渊传》云，“渊字希镜，平阳襄陵人也，祖弼之晋员外郎，父匪之骠骑参军”，及《南史·王僧儒传》云，“平阳贾弼笃好簿状”，弼即弼之，为其单称之名。平阳为魏分河东郡所立，襄陵是其同时随属的县，所以自晋以来改称作平阳，而弼属河东一族明白无疑，又序文云希镜子拙及拙子执虽不见史传，但据《隋书·经籍志·史部谱系篇》所著录的书，有贾执《百家谱》二十卷和《姓氏英贤谱》一百卷，其人姓名与拙子相同，考证史传应当为一人。因为六朝谱学，开始于贾弼之，自弼之广集谱记，撰十八州士族谱，“渊父及渊三世传学”，而渊又撰氏族要状（《唐书·经籍志》云“贾希景撰”，即希镜之误），谓执承其高曾祖考四代之业，撰集百家英贤两谱是可能的。又按《隋志》著录贾执的《百家谱》，列在王僧孺和傅昭两谱之间，据僧孺卒于普通二年（公元521年），傅昭卒于大通二年（公元528年），执为萧梁时人是可以肯定的，而以其时代与序云执为梁太府卿相应，是可用作考证其为一人的根据，因此考辨《序》中的世系，最小限度可以说，弼与其子三人，希镜兄弟四人，拙及子执二人，他们五世九人是属于河东一族的，因此，也就窥测到序文所根据的贾氏谱书，是一个混合武威、河东两谱的集成本，虽说两个郡姓，因其同出一源，不妨集成一谱，但其本支流派的世系，是应为之分别清楚的，如序云河东贾弼为武威贾疋的曾孙，那就不能不认为是一个巨大的错误，因此之故：序文的罅漏论误，当然是势所难免，关于其所记录的世系，当然需要为之考订的。依据以上的说明，再考证贾使君碑，据碑云思伯为武威姑臧人，其属武威一族已明白无疑，而碑述其祖先云"九世祖□魏青龙中为幽州刺史"，祖下一字为其九世祖名，虽因原石字泐已不可识，但以贾诩卒于黄初四年(公元223年)，且终其身未尝一为刺史，其不为诩是可以肯定的；次据《魏书·贾彝传》云"六世祖敷，魏幽州刺史"，以其两者同为魏幽州刺史，推校原石泐文应当为敷字，因为彝本仕于燕慕容垂，其入仕元魏在登国十年(公元395年)，上至魏青龙中一百六十年(公元234—235年)，下至思伯生时约略80年，按其年世来推校，敷为彝的六世祖，为思伯的九世祖是较合于事实的；次以贾诩卒年77，下至青龙中十二、三年，推校贾敷和诩的关系，可能是其子侄或孙行，但考《诩传》及《裴注》所记：只诩二子，长子曰穆，小子曰访，及穆子模，模二子胤龛，和模从子疋，并没有所谓敷者其人，也没有为幽州刺史。今按贾使君碑刺史以下文，合其泐字分为三句读作"行达冀州，□州□，因□丧亡"，窥其大意是说："往赴州任，行到□州，逢到州□，因□而亡。"虽行达的州名和遭遇的事故，无法为之考证，但在中途丧亡，未至幽州治所，是可以肯定的，次按《三国志·毋丘俭传》考之：《传》云，"青龙中，帝图讨辽东，以俭有干策，徙幽州刺史"。以敷为幽州，和俭徙幽州，同在青龙中，及正始七年(公元246年),俭尚在幽州,谓敷为幽州在俭之前,也是可以肯定其然的。又按其时魏与蜀、吴连年作战,其辽东太守公孙渊南通于吴,至青龙二年(公元234年)秋诸葛亮卒,吴、蜀两国之军先后退还,魏帝因其两方军事暂停,所以才有"图讨辽东"之举,因辽东为幽州的属郡,所以有精简刺史的事,依此说来:贾敷生平虽无可考,论其选任幽州刺史,正在此一时期之内,是应有相当才能的,但因中途丧亡,没能成其功业,所以史书无可考见了。次按《贾彝传》,刺史句下云,"广川都亭侯,子孙因家焉"。是说魏封贾敷都亭侯,广川为其所食户的县,所以在敷卒后,嗣子食于其地,子孙因以为家,遂为广川人了。据广川县在魏晋属冀州渤海郡,至燕慕容垂隶于分置的广川郡和刺史属官选用本州人士来说,碑云思伯高祖为"燕冀州别驾",可能是和贾彝同为广川县人,据贾敷为贾彝六世祖,思伯高祖为敷五世孙,世次仅差一代,而又同仕于燕,当为同时的人,按《晋书》载记和《魏书·帝纪》考之:冀州复归于燕在慕容垂元年(公元386年),至垂子宝二年(公元397年)元魏围攻信都(冀州治),"冀州刺史宜都王慕容凤窬城奔走",守军张骧、徐超率将吏举城降元魏,总计燕据有冀州之地共为12年。据贾使君碑云思伯高祖为"宜都王司马",并可以确定是在燕慕容凤为冀州刺史时,据信都陷没在贾彝入仕元魏后二年,也就可以明确地断定其为同时的人,因此,据思伯高祖为贾彝父行,又同时同仕于燕慕容垂,谓其同为广川人是合理的。至于思伯高祖当信都被围时,是先期已卒,是与城俱亡,是随凤出奔,是同降元魏,是南投邺城,却很难说了,因为以上五个说法,除了先卒俱亡说,史无明文可考而外,根据当时战事情况来说:魏军出井陉进攻慕容宝,首先是攻取冀州真定城(常山郡治),时慕容宝在中山(今河北省定县),慕容凤守信都(今河北省冀县），慕容德镇邺城（今河南省临漳县），三城南北错列，信都适居其中，当元魏攻下真定后，常山以东奔降相继，所以魏军东围信都，在慕容凤出奔以后，守军便举城投降了，在这个情况下，论其出奔投降，都是有可能的。又信都降后的明年，元魏广川太守贺卢，杀其冀州刺史王辅，"驱勒守兵"南奔渡河，遂至滑台（今河南滑县）投慕容德（时德已弃邺徙滑台），在这个情况下，思伯高祖随同守军降魏，又随着贺卢南投慕容德，又随从慕容德转入青齐，三传至思伯兄弟，遂为青州益都人，也是很可能的事。旁证以贾彝和其从兄润同仕元魏，当孝昌年中两人子孙还住在广川，和碑记思伯高祖仕历，没有提到元魏官阶，其在五说之中，是比较合理的，惜碑云思伯祖考两代，原石祖下泐损十数字，不能用作考实的证佐，但据以上的推考，思伯为武威一族，其自广川徙居益都，是可以完全肯定的，因此之故：根据《世系表》本于贾氏的谱书，和武威河东两族世系的淆混，所以说《序》文中宏和子勰两人，可能为思伯曾祖宏和贾思勰，又据《序》文中所记勰的仕历"北齐青兖等州刺史河东公"，和《寿光县志》载贾思同碑云"青、徐、兖三州军事开府"相应，假如《县志》是依据前人的记录，这是可以用作本问题的佐证，不过在未经考实以前，只能认为是一种推测，所以附记在这里，作为将来的考案。

……

梁家勉：《〈齐民要术〉的撰者、注者和撰期》（摘录）[1]

（一）姓名：《齐民要术》撰者姓名，《隋志》首先著录作贾思勰。但《旧唐志》却作贾勰，《新唐志》又作贾思协。一脱"思"字，一别

[1] 本文原载《华南农业科学》1957 年第 3 期，本书摘录时，原文注释有所删节，并改篇末注为文中夹注。

“勰”字。查《隋志》和新旧两《唐志》三书同属早期的著录，且同被称为“正史”，而各分歧不同，究以何者为准呢?虽然隋以前诸史，均没有贾思勰或贾勰或贾思协的记载，无可考信，昔人也“未知就是”(见清周中孚《郑堂读书记》)，但根据如下理由：(1)三书中以《隋志》撰期为最早，时代距原书即《齐民要术》的撰期不远；(2)其他公私簿录所著录，包括较算“早”的如《崇文总目》、《通志》和晁公武陈振孙诸家所著录，都跟隋志相符；(3)今存各种版本卷端和各序跋所题，亦正作贾思勰，所以，应以《隋志》所著录为最可信，肯定是贾思勰。

……

(三)里籍：撰者里籍，史无明文，本不易稽。本文分从几个角度来考察，认为他当是今山东境人。其根据的论点是：(1)据原书自注：贾思勰本与刘仁之有交谊；又据《魏书·刘仁之传》：仁之与冯元兴系深交；又据《魏书·冯元兴传》：元兴与贾思伯系同时为肃宗朝(公元516—526年)的侍读与侍讲，彼此极相得。从这些迹象中，可想见思勰跟思伯是有关系的，可能就是同族关系。……

(四)履历：根据原书署衔和历代簿录著录，撰者曾官“太守”，是无疑的。但究任何郡太守，其说却不一：一说是高阳太守，《直斋书录解题》和原书崇文院本以次各种版本所题，均如是作；一说是高平太守，《四库总目提要》如是作；一说是襄阳太守，《郑堂读书记》如是作。今按：三说中，“高平太守”“襄阳太守”两说，都属后起，又未说明所据，不足凭，殆是缮写或刊刻偶讹所致；应以“高阳太守”为是。高阳，当是《魏书·地形志》中瀛洲所领的郡，该郡领县九，在今河北境，根据撰者在书中自述，曾亲历“井陉以东”(《种蒜第十九》)，可能就是从山西东行莅任高阳太守，因为高阳郡系位于其地附近。又按：撰者除曾任高阳太守外，行迹所历似甚广，单从书中所述，已可知除其原籍山东境外，曾到过今山西境南部的壶关、上党（《种蒜第十九》），东部的辽（《种栗第三十八》），中部的并（《种蒜第十九》），北部的代（《种栗第三十八》），又到过今河北境的“井陉以东”（《种蒜第十九》）等地。山西，是后魏发祥地，也是当时政治重心之一，可能撰者宦游其地颇久。但曾任何职，却不可考了。又根据上文论证，撰者与贵为帝师的贾思伯、思同兄弟（《魏书》贾思伯、贾思同传）有同族关系，且曾官至太守，则其出身，当非一般的劳动人民。又从他的原书内容看，后人都认为是“援据博奥”、“奇字错见”（见《文献通考·经籍考》所引李巽岩《齐民要术音义解释序》）、“腹中似有数千卷书者”（见明胡震亨津逮秘书本《齐民要术·跋》）。而其书杂说篇，论述所谓“治书”方法（《杂说第三十》）颇详晰、颇具体，可知他当是富有读书修养兼富有藏书经验的“望族”子弟。又按：撰者罢官后，当是回原籍家居，自厕于齐民，以农牧为业。根据其书杂说篇所述，“治生之道，不仕则农”（《杂说》），又根据其书自序，所谓“验之行事”、“晓示家童”，又根据其书《养羊》篇中自言“昔有羊二百口”等记录，已足以证明。且其书内容，除部分辑自古书外，不少是原始记录，且不少是实践心得，非有实际经验的不能下笔。这也是撰者曾业农牧的一证。

这里还得提及：最近有人认为，“贾思勰即贾思同，因为他做过彭城王元勰的属官，可能依照当时的习惯，把名字改换了。（见近人王毓瑚《中国古代农业科学的成就》，科学普及出版社1957年版，据该书作者函告，谓此系近人乐道说。）这一说，只属推测，是否可信，值得商讨：（1）据《魏书》及《北史》所述，思同自幼便雅好经史，专精《杜氏春秋》。任讲官时，也讲授《杜氏春秋》。到晚年还跟卫冀隆为

《杜氏春秋》辩论是非，积稿至十卷，未竟而卒。且生平极少接触农事。从学风上和经验上看，似都不会撰述像《齐民要术》这一类型的书。(2)据思勰原书所述，知系作于游宦后，家居度田园生活时，通过“询之老成，验之行事”，才写成此书，借以“晓示家童”。但思同则自少“释褐”，仕途腾达，久任中枢要职，直至卒于官，从未获享田园生活机会。(3)思勰曾任高阳太守，所撰书也如是署衔。这可能是他最后一任的或最高一任的官衔。但思同则自“释褐”后，由彭城王国侍郎、尚书考功郎、青州别驾，累迁荥阳太守、襄州刺史，晋封男爵、黄门侍郎、侍讲、尚书、侍中等官，卒赠尚书右仆射、司徒公、青州刺史，谥曰文献；其最后的或最高的官衔不是高阳太守，且从未任过高阳太守。(《魏书》、《北史》贾思同传)(4)思勰成书，约在永熙二年至武定二年间或稍后；但思同却在武定二年的前四年即兴和二年(公元540年)便死去了，且其晚年官阶相当高，责任相当重，国家又处于多事之秋，甚至连他的专门所学，即《杜氏春秋》辩论稿也未完成，更不会有余暇“丁宁周至”(《齐民要术序》)，完成这一部“卷首皆有目录”(《齐民要术序》)且冠有长篇自序的农书。(5)思勰称刘仁之为“老成懿德”(《种谷第三》)，似较仁之为后辈；而思同则较仁之先卒(贾思同卒于兴和二年，刘仁之卒于武定二年，各见《魏书》本传)，年龄可能大于仁之，官爵也大于仁之，学术和道德的修养都较优于仁之，就他当时的地位看，当不会如此相称。(6)思同早岁为元勰属官，历时仅甚暂，且元勰早已于永平元年(公元508年)为宣武帝杀害(见《魏书》卷二十一本传)，果思同真的原名思勰的话，似也没有长期“把名字改换”的必要。退一步说：他真的改换名字了，何以原书还题思勰而不题思同？又当时魏收撰魏书时，距思同时代极近，何以在思同传里，绝不提及改换名字的事？甚至连见于著录的贾思同碑文(赵明诚《金石录》卷二十一跋贾思同碑),也未见提及这事。——根据这些理由,可以说:贾思勰并不会是“即贾思同”,他们彼此是两人,思勰年辈较后于思同,当《齐民要术》成书时,思同已不及见了。

……

二、《魏书》贾思伯、贾思同传及其墓葬情况

贾思伯、贾思同传[1]

贾思伯，字士休，齐郡益都人也。世父元寿，高祖时中书侍郎，有学行，见称于时。思伯释褐奉朝请，太子步兵校尉、中书舍人、转中书侍郎。颇为高祖所知，常从征伐。

及世宗即位，以侍从之勤，转辅国将军。任城王澄之围钟离也，以思伯侍节为其军司。及澄失利，思伯为后殿。澄以思伯儒者，谓之必死。及至，大喜，曰："仁者必有勇，常谓虚谈；今于军司见之矣。"思伯托以失道，不伐其功，时论称其长者。后为河内太守，不拜。寻除鸿胪少卿，以母忧免。服阕，征为荥阳太守，有政绩。迁征虏将军、南青州刺史。初，思伯与弟思同师事北海阴凤授业，无资酬之，凤遂质其衣物。及思伯之部，送缣百匹遗凤，因具车马迎之，凤惭不往。时人称叹焉。寻以父忧免。后除征虏将军、光禄少卿，仍拜左将军、兖州刺史。

肃宗时，征为给事黄门侍郎。因请拜扫，还乡里。未拜，以风闻免。寻除右将军、凉州刺史。思伯以州边远，不乐外出，辞以男女未婚。灵太后不许，舍人徐纥言之，得改授太尉长史。又除安东将军、

[1] 摘自《魏书》卷七十二。

廷尉卿。思伯自以儒素为业，不好法律，希言事。俄转卫尉卿。

……

又迁太常卿，兼度支尚书，转正都官。时太保崔光疾甚，表荐思伯为侍讲，中书舍人冯元兴为侍读。思伯遂入授肃宗杜氏春秋。思伯少虽明经，从官废业，至是更延儒生夜讲昼授。性谦和，倾身礼士，虽在街途，停车下马，接诱恂恂，曾无倦色。客有谓思伯曰："公今贵重，宁能不骄?"思伯曰："衰至便骄，何常之有?"当世以为雅谈。为元义所宠，论者讥其趣势。孝昌元年卒。赠镇东将军、青州刺史，又赠尚书右仆射，谥曰文贞。

子彦始，武定中，淮阳太守。

思伯弟思同，字士明。少厉志行，雅好经史。释褐彭城王国侍郎，五迁尚书考功郎、青州别驾。久之，迁镇远将军、中散大夫、试守荥阳太守。寻即真。后除平南将军、襄州刺史。虽无明察之誉，百姓安之。及元颢之乱也，思同与广州刺史郑光护并不降。庄帝还宫，封营陵县开国男，邑二百户，除抚军将军、给事黄门侍郎、青州大中正。又为镇东、金紫光禄大夫，仍兼黄门。寻加东骑大将军、左光禄大夫。迁邺后，除黄门侍郎兼侍中、河南慰劳大使。仍与国子祭酒韩子熙并为侍讲，授静帝《杜氏春秋》。又加散骑常侍，兼七兵尚书，寻拜侍中。兴和二年卒。赠使持节、都督青徐光三州诸军事、骠骑大将军、尚书右仆射、司徒公、青州刺史，谥曰文献。

……

北魏贾思伯墓

北魏贾思伯墓，位于山东省寿光市城关镇李二村，墓与村相距

0.5公里。历代编纂的《寿光县志》对此墓均有记载:“北魏尚书贾思伯及其弟思同墓,在县城西南八里李二村东北。……今双冢犹并列。”二墓东西排列,思同墓在东,思伯墓在西。1973年12月,李二村群众平整地面时将贾思伯墓挖毁。潍坊市博物馆闻讯派人赶到现场时,墓圹已填平;出土遗物被运至村中,有陶、瓷器等物,大多残破不堪,仅将可复原的16件器物及2合墓志取回,入藏寿光市博物馆。随后对墓葬形制及遗物放置位置等作了调查。

(一) 墓葬形制

墓为砖室结构,平面方形圆角,边长约4.5米,穹隆顶。墓室四壁及顶部均涂白灰,上施彩绘。该墓早年被盗,由于长期水土侵蚀,壁画已全部脱落,只有零星残迹可辨。墓底用长方形单砖平铺人字纹。棺床位于墓室西北角,南北长约2.5米,东西宽约1.8米,用两层砖铺成。墓室内积满黄色淤泥,葬具、人骨架无存,但棺床上有零星漆皮和黑炭粉末,可能原有棺木。贾思伯及夫人刘氏2合墓志置于墓室东南角,东西并列,贾思伯墓志在东,其夫人墓志在西。墓因被盗,随葬器物位置已被扰动,所出陶瓷器多集中于墓志北侧,但棺木上及其南侧亦有器物碎片。

(二) 随葬器物

1.瓷器

四系罐　1件。侈口,圆肩,最大腹径偏于上部,下腹渐收,底部生外撇,平底,肩附4个桥形系。通体施青黄釉,有光泽,底部露胎。口径9.3厘米,高16.8厘米。

碗　1件。残,已复原。敞口,圆唇,斜直腹,圈足。灰白胎,青黄

釉，釉不及底，有小冰裂纹。口径10厘米，高4.2厘米。

2.陶器

包括生活用具、俑及动物模型，均以灰陶制成。俑、动物模型合范模制，颈、腿、臀部以圆形铁芯、苇管连接加固。表面涂白粉，大部脱落，仅衣褶内残存少许。由于烧成温度低，陶质疏松，加之长期浸泡于泥水中，大部分已酥碎。虽出土约上百件，但可辨识、采集的数量不多，现简介如下：

盘口壶　1件。侈口，长颈，扁圆腹，高足，平底。腹上部饰4周凸棱。口径10.6厘米，高19.7厘米。

奁　1件。敛口，直壁，平底。口径5.5厘米，高4.5厘米。

长颈瓶　1件。喇叭口，细长颈，圆肩，深腹，平底。口径5.4厘米，高20.3厘米。

杯　2件。形制相同。敞口，斜直壁，深腹，假圈足，平底。口径5.7厘米，高3.5厘米。

男俑　2件。形制相同。头戴小冠，身着宽袖交领袍，腰束带，缚裤，裤口肥大。右手置于腰前，左手下垂。高19.2厘米。

女俑　2件。跽坐。头束单髻，身着宽袖衫，裙曳地。双手抱一壶，置于身左侧，左手托底，右手扶壶肩。高11.3厘米。另1件，形制相同，壶残缺。

镇墓兽　1件。兽形，张口龇牙，高鼻瞪眼，头长独角，背有竖毛三簇，蹲坐于长方形底板上。高23.6厘米。

马　1件。体肢健壮，颈长肥大，头瘦长，造型威武、生动，辔、鞯、鞍齐全。高30.4厘米。

牛　1件。身长，体肥大，短颈，头较小，高肩，大垂皮，笼辔齐全。高16厘米。

狗　2件。形制相同。仰首，眼睛上视，大耳下垂，匍匐于长方形底板上，高13.8厘米。

3.墓志

贾思伯墓志　1合。青石镌刻，高57.2厘米，宽58厘米。志盖顶，无字，出土后遗失。志文33行，满行33字，另有一行文字刻于志石左侧面，共1114字，均刻在方形界格内，首行题“魏故散骑常侍尚书右仆射使持节镇东将军青州使君贾君墓志铭”。

夫人刘氏墓志　1合。青石镌刻，正方形，高、宽各79厘米。志盖顶，无字。志文28行，满行28字，首行题“魏故镇东将军兖州刺史尚书右仆射文贞贾公夫人刘氏墓志铭”。墓志记载：夫人讳静怜，长广人，兴和三年（公元541年）六月十九日薨于青州齐郡益都县益城里，时年58岁。武定二年（公元544年）十一月二十九日与贾思伯合葬。

贾思伯墓志铭

魏故散骑常侍尚书右仆射使持节

镇东将军青州使君贾君墓志铭

君讳思伯，字士休，齐郡益都县钓台里人也。其先乃武威之冠族，远祖谊，英情高迈，才峻汉朝。十世祖文和，佐命黄运，经纶魏道。九世祖机，作牧幽蓟，中途值乱，避地东徙，遂宅中齐，为四履冠冕。考道最州主簿、州中正、本郡太守。伯父元寿，中书侍郎，追赠青州刺史。自太傅已降，贤明间出。

君之生也，海岱萃灵，含章式载。十岁能诵书诗，成童郭悦礼传，备阅流略之书，多识前古之载。工草隶，善辞赋，文苑儒宗，遐迩归属，学优来士，游宦北都。年廿一，释褐奉朝请。时齐使继好来聘上国，以君造次清机，有端木之辨。命对南客，应西华之选。稍迁步兵校尉转中书郎，如纶之诏，擅美□时。太和廿三年，高祖躬总六军，五牛南指。时扈行间，参谋帷幕。凯旋之交，文皇不预，革辂奄次，大渐弥流。唯机之际，执笔记言，导扬末命，顾托宣于君手。宫车晏驾，武皇继统，以君事往奉居，忠照大节，除辅国将军、河内太守。非其好也，改授鸿胪少卿。正始三年，丁母忧，去职；服阕，除荥阳太守。岁序云周，策授持节征虏将军、南青州刺史，莅政未期，遭父艰离任。君性纯孝，善执丧，四载之间，再集荼蓼，哀毁骨立，未曾见齿。终丧，除光禄少卿，迁左将军、兖州刺史。班条邹鲁，化形如神。征给事黄门侍郎转凉州刺史，未拜，除太尉公、清河府长史。俄迁廷尉卿、转卫尉，迁太常兼度支尚书、摄都官七兵二局，真殿中尚书。司管帝阍，邀巡警柝。克谐金石，礼畅乐和；献替莫违，敷奏无隐。元凯润世弘多，号称武库；子□直道不回，未旬三陟。抚绩筹人，千载非二。加安东将军、青州大中正，斟酌乡部，氏□区分，抑扬昌替，污隆唯允。俄除侍读，讲《杜氏春秋》于显阳前殿。接筵御座，东面挥麈；讨论经传，博举宗致；言约义敷，辞高旨远。在已斯逸，帝功伊倍，爱业尊师，日隆其敬。虽营丘之训周王，安昌之师汉主，礼顾隆崇，亦不是过。

方当服衮台阶，位穷三吏，奉文思之君，陪升中之礼，而降年不永，春秋五十八，以孝昌元年七月甲辰朔十六日，薨于洛阳怀仁里。一人恸情，百寮轸泣。齐桓之追仲父，况此非酸；汉明之悼子良，方兹未切。

惟君禀承明之略，载询直之姿；含利主之道，负经国之器，忠以奉帝，孝以承亲，守虚嘿以藏声，不衒能而求誉。凡典二郡、牧两州、历五隶、迳三省，莫不廉白持身，平恕宰物，加以温侔冬日，润等春云，穆若清风，淡如白水，厥德可依，其人可仰，不幸早逝，呼可悲矣！即以其年十一月归葬于青州，追赠散骑常侍、尚书右仆射，使持节镇东将军、青州刺史。虽歌颂被于管弦，容像存于图画，但缣彩无弗朽之姿，玄石有永全之质，撰载芳猷，贻之九泉。其辞曰：

惟君笃生，命世抽英。岐嶷初载，气秀神清。行高童稚，业□□□。体无明□，遒骏有声。文极词宗，学穷替古。怀女引系，钟鸣齐鲁。运属飞龙，时乘九五。□潜入仕，利见高祖。释褐素枢，衣冠象阙。陟降承明，负映日月，类彼腾□，易麟化骨。位缘德至，劳无一代。列隶骤升，纳言亟践。饱恩饫泽，丰荣醉显。作守登州，目青徂兖。爱结民恩，黎歌勿煎。训商者伊，师周唯吕；道贵名尊，阿衡尚父。允穆具瞻，乃膺斯举。东面旷□，□来入□。阴阳纻燮，□实修□。垂乘台路，将□黄扉。可言天道，福善如疑。□焉没世，武□□□。□川泻海，翻潮不息。浮□□济，埋灵乡域。萧瑟松声，苍茫云色。将同万古，丘陵谁识！

东魏贾思同墓[1]

贾思同墓封土高4.5—5米，用黑、黄、细沙土等多种土质分层夯成，是封建社会豪门贵族死后由各地提供"贡土"坟的真实写照。每层约20厘米，层层夯实，夯迹清晰可见。

（一）墓葬形制

此墓由墓室、墓门、墓道三部分组成。

墓室　墓为砖室结构，底部方形圆角，南北长4米，东西宽3.8米，穹隆顶。墓壁用长方形和楔形两种砖砌成，前者长30.5厘米，宽

[1] 宋赵明诚《金石录》东魏贾思同碑跋尾云：思同与其兄思伯《后魏书》皆有传，云青州益都人，今其墓在寿光县，贾思伯之碑亡矣。

13厘米，厚4.5厘米；后者一端宽，一端窄，宽窄之比为2∶1。砖皆青灰色，单面饰篾箕压印纹。从墓底向上，四壁用长方形砖砌成，砌法为三顺一丁，四角则用楔形砖砌成圆角。至1.5米高时用长方、楔形砖错缝顺砌，使墓壁向内倾，逐步成穹隆顶。室内壁全部用白灰抹地，上施彩绘。此墓早年被盗掘，顶部西南、东北各有一个约60厘米×60厘米的盗洞，由于长期水土流浸，壁画全部脱落，只有零星残迹依稀可辨。墓底平铺约半米厚的细沙，之上用长方形砖单层错缝铺墁。由于盗掘扰动，棺床已不可辨。墓室被塌陷的封土填满，葬具已朽无存，但发现许多零星漆片和黑炭粉末隐约可见，推测是棺木腐朽的遗存。人骨很少，填土中仅发现二根股骨。由于盗墓者扰动，随葬物移位、破碎严重，所出遗物都掺杂在距墓底向上2米深的填土中，但西侧偏多。

墓门　拱形，位于墓室西南角，高1.75米，宽1.24米，其西框仅距西壁20厘米，框较墓室外壁突出约6厘米。用长方形砖错缝砌成。

墓道　南北向，北端正对墓门与墓底平行，呈斜坡状向南延伸至地面，宽1.35米。

（二）出土遗物

主要是陶器，还有一件小瓷碗和两个铅片小人。陶器中有壶、瓶、盅、猪舍、棋子、鸽等，陶俑有男女俑、骑俑，还有镇墓兽、狗、猪、牛等。俑皆施彩绘，发现时，所有器物破烂不堪，完整者甚少，多数不能复原。

#《齐民要术》

齐民要术序①

后魏高阳太守贾思勰撰

《史记》曰:“齐民无盖藏。”如淳注曰:“齐,无贵贱,故谓之‘齐民’者,若今言平民也。”

盖神农为耒耜,以利天下;尧命四子,敬授民时;舜命后稷,食为政首;禹制土田,万国作乂;殷周之盛,《诗》、《书》所述,要在安民,富而教之。

《管子》曰:“一农不耕,民有饥者;一女不织,民有寒者。”“仓廪实,知礼节;衣食足,知荣辱。”丈人曰:“四体不勤,五谷不分,孰为夫子?”《传》曰:“人生在勤,勤则不匮。”古语曰:“力能胜贫,谨能胜祸。”盖言勤力可以不贫,谨身可以避祸。故李悝为魏文侯作尽地力之教,国以富强;秦孝公用商君急耕战之赏,倾夺邻国而雄诸侯。

《淮南子》曰:“圣人不耻身之贱也,愧道之不行也;不忧命之长短,而忧百姓之穷。是故禹为治水,以身解于阳盱之河;汤由苦旱,以身祷于桑林之祭。”“神农憔悴,尧瘦癯,舜黧黑,禹胼胝。由此观之,则圣人之忧劳百姓亦甚矣。故自天子以下,至于庶人,四肢不

①本志载录《齐民要术》参考文献:缪启愉、缪桂龙撰《齐民要术译注》(上海古籍出版社2006年12月版)。

勤，思虑不用，而事治求赡者，未之闻也。”“故田者不强，囷仓不盈；将相不强，功烈不成。”

《仲长子》曰：“天为之时，而我不农，谷亦不可得而取之。青春至焉，时雨降焉，始之耕田，终之簠簋，惰者釜之，勤者钟之。矧夫不为，而尚乎食也哉？”《谯子》曰：“朝发而夕异宿，勤则菜盈倾筐。且苟无羽毛，不织不衣；不能茹草饮水，不耕不食。安可以不自力哉？”

晁错曰：“圣王在上，而民不冻不饥者，非能耕而食之，织而衣之，为开其资财之道也。”“夫寒之于衣，不待轻暖；饥之于食，不待甘旨。饥寒至身，不顾廉耻。一日不再食则饥，终岁不制衣则寒。夫腹饥不得食，体寒不得衣，慈母不能保其子，君亦安能以有民？”“夫珠、玉、金、银，饥不可食，寒不可衣。……粟、米、布、帛……一日不得而饥寒至。是故明君贵五谷而贱金玉。”刘陶曰：“民可百年无货，不可一朝有饥，故食为至急。”陈思王曰：“寒者不贪尺玉而思短褐，饥者不愿千金而美一食。千金、尺玉至贵，而不若一食、短褐之恶者，物时有所急也。”诚哉言乎！

神农、仓颉，圣人者也；其于事也，有所不能矣。故赵过始为牛耕，实胜耒耜之利；蔡伦立意造纸，岂方缣、牍之烦？且耿寿昌之常平仓，桑弘羊之均输法，益国利民，不朽之术也。谚曰：“智如禹汤，不如尝更。”是以樊迟请学稼，孔子答曰：“吾不如老农。”然则圣贤之智，犹有所未达，而况于凡庸者乎？

猗顿，鲁穷士，闻陶朱公富，问术焉。告之曰：“欲速富，畜五牸。”乃畜牛羊，子息万计。九真、庐江，不知牛耕，每致困乏。任延、王景，乃令铸作田器，教之垦辟，岁岁开广，百姓充给。敦煌不晓作耧犁；及种，人牛功力既费，而收谷更少。皇甫隆乃教作耧犁，所省庸力过半，得谷加五。又敦煌俗，妇女作裙，挛缩如羊肠，用布一匹。

隆又禁改之，所省复不赀。茨充为桂阳令，俗不种桑，无蚕织丝麻之利，类皆以麻枲头贮衣。民惰窳羊主切，少粗履，足多剖裂血出，盛冬皆然火燎炙。充教民益种桑、柘，养蚕，织履，复令种纻麻。数年之间，大赖其利，衣履温暖。今江南知桑蚕织履，皆充之教也。五原土宜麻枲，而俗不知织绩；民冬月无衣，积细草，卧其中，见吏则衣草而出。崔寔为作纺绩织纴之具以教，民得以免寒苦。安在不教乎？

黄霸为颍川，使邮亭、乡官皆畜鸡、豚，以赡鳏、寡、贫穷者；及务耕桑，节用，殖财，种树。鳏、寡、孤、独有死无以葬者，乡部书言，霸具为区处：某所大木，可以为棺；某亭豚子，可以祭。吏往皆如言。龚遂为渤海，劝民务农桑，令口种一树榆，百本薤，五十本葱，一畦韭；家二母彘，五鸡。民有带持刀剑者，使卖剑买牛，卖刀买犊，曰："何为带牛佩犊？"春夏不得不趣田亩，秋冬课收敛，益蓄果实、菱、芡。吏民皆富实。召信臣为南阳，好为民兴利，务在富之。躬劝耕农，出入阡陌，止舍离乡亭，稀有安居。时行视郡中水泉，开通沟渎，起水门、提阏，凡数十处，以广溉灌。民得其利，蓄积有余。禁止嫁娶送终奢靡，务出于俭约。郡中莫不耕稼力田。吏民亲爱信臣，号曰"召父"。僮种为不其令，率民养一猪，雌鸡四头，以供祭祀，死买棺木。颜斐为京兆，乃令整阡陌，树桑果；又课以闲月取材，使得转相教匠作车；又课民无牛者，令畜猪，投贵时卖，以买牛。始者，民以为烦；一二年间，家有丁车、大牛，整顿丰足。王丹家累千金，好施与，周人之急。每岁时农收后，察其强力收多者，辄历载酒肴，从而劳之，便于田头树下，饮食劝勉之，因留其余肴而去；其惰孄者，独不见劳，各自耻不能致丹，其后无不力田者。聚落以至殷富。杜畿为河东，课民畜牸牛、草马，下逮鸡豚，皆有章程，家家丰实。此等岂好为烦扰而轻费损哉？盖以庸人之性，率之则自力，纵之则惰窳耳。

故《仲长子》曰："丛林之下，为仓庾之坻；鱼鳖之堀，为耕稼之场者，此君长所用心也。是以太公封而斥卤播嘉谷，郑、白成而关中无饥年。盖食鱼鳖而薮泽之形可见，观草木而肥垸之势可知。"又曰："稼穑不修，桑果不茂，畜产不肥，鞭之可也；杝落不完，垣墙不牢，扫除不净，笞之可也。"此督课之方也。且天子亲耕，皇后亲蚕，况夫田父而怀窳惰乎？

李衡于武陵龙阳泛洲上作宅，种甘橘千树。临死敕儿曰："吾州里有千头木奴，不责汝衣食，岁上一匹绢，亦可足用矣。"吴末，甘橘成，岁得绢数千匹。恒称太史公所谓"江陵千树橘，与千户侯等"者也。樊重欲作器物，先种梓、漆，时人嗤之。然积以岁月，皆得其用，向之笑者，咸求假焉。此种植之不可已已也。谚曰："一年之计，莫如树谷；十年之计，莫如树木。"此之谓也。

《书》曰："稼穑之艰难。"《孝经》曰："用天之道，因地之利，谨身节用，以养父母。"《论语》曰："百姓不足，君孰与足？"汉文帝曰："朕为天下守财矣，安敢妄用哉？"孔子曰："居家理，治可移于官。"然则家犹国，国犹家，是以家贫则思良妻，国乱则思良相，其义一也。

夫财货之生，既艰难矣，用之又无节；凡人之性，好懒惰矣，率之又不笃；加以政令失所，水旱为灾，一谷不登，胔腐相继：古今同患，所不能止也，嗟乎！且饥者有过甚之愿，渴者有兼量之情。既饱而后轻食，既暖而后轻衣。或由年谷丰穰，而忽于蓄积；或由布帛优赡，而轻于施与：穷窘之来，所由有渐。故《管子》曰："桀有天下而用不足，汤有七十二里而用有余，天非独为汤雨菽粟也。"盖言用之以节。

《仲长子》曰："鲍鱼之肆，不自以气为臭；四夷之人，不自以食为异：生习使之然也。居积习之中，见生然之事，夫孰自知非者也？"斯何异蓼中之虫，而不知蓝之甘乎？

今采捃经传，爰及歌谣，询之老成，验之行事；起自农耕，终于醯醢，资生之业，靡不毕书，号曰《齐民要术》。凡九十二篇，束为十卷。卷首皆有目录，于文虽烦，寻览差易。其有五谷、果蓏非中国所殖者，存其名目而已；种莳之法，盖无闻焉。舍本逐末，贤哲所非；日富岁贫，饥寒之渐，故商贾之事，阙而不录。花草之流，可以悦目，徒有春花，而无秋实，匹诸浮伪，盖不足存。

鄙意晓示家童，未敢闻之有识，故丁宁周至，言提其耳，每事指斥，不尚浮辞。览者无或嗤焉。

杂 说①

夫治生之道，不仕则农；若昧于田畴，则多匮乏。只如稼穑之力，虽未逮于老农；规画之间，窃自同于“后稷”。所为之术，条列后行。

凡人家营田，须量己力，宁可少好，不可多恶。假如一具牛，总营得小亩三顷——据齐地大亩，一顷三十五亩也。每年一易，必莫频种。其杂田地，即是来年谷资。

欲善其事，先利其器。悦以使人，人忘其劳。且须调习器械，务令快利；秣饲牛畜，事须肥健；抚恤其人，常遣欢悦。

观其地势，干湿得所，禾秋收了，先耕荞麦地，次耕余地。务遣深细，不得趁多。看干湿，随时盖磨着切。见世人耕了，仰着土块，并待孟春盖，若冬乏水雪，连夏亢阳，徒道秋耕不堪下种!无问耕得多少，皆须旋盖磨如法。

如一具牛，两个月秋耕，计得小亩三顷。经冬加料喂。至十二月内，即须排比农具使足。一入正月初，未开阳气上，即更盖所耕得地一遍。

凡田地中有良有薄者，即须加粪粪之。

其踏粪法：凡人家秋收治田后，场上所有穰、谷穢等，并须收贮一处。每日布牛脚下，三寸厚；每平旦收聚堆积之；还依前布之，经

①启愉按：《要术》卷三已另有《杂说》一篇。这一插在《序》和卷前之间的《杂说》，并非贾思勰原作，已为研究《要术》者所公认。据文内名物和用词，疑是唐代人所伪托。

宿即堆聚。计经冬一具牛，踏成三十车粪。至十二月、正月之间，即载粪粪地。计小亩亩别用五车，计粪得六亩。匀摊，耕，盖着，未须转起。

自地亢后，但所耕地，随饷盖之；待一段总转了，即横盖一遍。计正月、二月两个月，又转一遍。

然后看地宜纳粟：先种黑地、微带下地，即种糙种；然后种高壤白地。其白地，候寒食后榆荚盛时纳种。以次种大豆、油麻等田。

然后转所粪得地，耕五六遍。每耕一遍，盖两遍，最后盖三遍；还纵横盖之。候昏房、心中，下黍种无问。

谷，小亩一升下子，则稀概得所。

候黍、粟苗未与垅齐，即锄一遍。黍经五日，更报锄第二遍。候未蚕老毕，报锄第三遍。如无力，即止；如有余力，秀后更锄第四遍。油麻、大豆，并锄两遍止；亦不厌早锄。谷，第一遍便科定，每科只留两茎，更不得留多。每科相去一尺。两垅头空，务欲深细。第一遍锄，未可全深；第二遍，唯深是求；第三遍，较浅于第二遍；第四遍较浅。

凡荞麦，五月耕；经二十五日，草烂得转；并种，耕三遍。立秋前后，皆十日内种之。假如耕地三遍，即三重着子。下两重子黑，上头一重子白，皆是白汁，满似如浓，即须收刈之。但对梢相答铺之，其白者日渐尽变为黑，如此乃为得所。若待上头总黑，半已下黑子，尽总落矣。

其所粪种黍地，亦刈黍了，即耕两遍，熟盖，下糠麦。至春，锄三遍止。

凡种小麦地，以五月内耕一遍，看干湿转之，耕三遍为度。亦秋社后即种。至春，能锄得两遍最好。

凡种麻地，须耕五六遍，倍盖之。以夏至前十日下子。亦锄两遍。仍须用心细意抽拔全稠闹细弱不堪留者,即去却。

一切但依此法,除虫灾外,小小旱,不至全损。何者?缘盖磨数多故也。又锄耨以时。谚曰:"锄头三寸泽。"此之谓也。尧汤旱涝之年,则不敢保。虽然,此乃常式。古人云:"耕锄不以水旱息功,必获丰年之收。"

如去城郭近,务须多种瓜、菜、茄子等,且得供家,有余出卖。只如十亩之地,灼然良沃者,选得五亩,二亩半种葱,二亩半种诸杂菜;似校平者种瓜、萝卜。其菜每至春二月内,选良沃地二亩熟,种葵、莴苣。作畦,栽蔓菁,收子。至五月、六月,拔诸菜先熟者,并须盛裹,亦收子讫。应空闲地种蔓菁、莴苣、萝卜等,看稀稠锄其科。至七月六日、十四日,如有车牛,尽割卖之;如自无车牛,输与人。即取地种秋菜。

葱,四月种。萝卜及葵,六月种。蔓菁,七月种。芥,八月种。瓜,二月种;如拟种瓜四亩,留四月种;并锄十遍。蔓菁、芥子,并锄两遍。葵、萝卜,锄三遍。葱,但培锄四遍。白豆、小豆,一时种,齐熟,且免摘角。但能依此方法,即万不失一。

齐民要术卷第一

耕田第一

《周书》曰："神农之时，天雨粟，神农遂耕而种之。作陶，冶斤斧，为耒耜、锄、耨，以垦草莽，然后五谷兴，助百果藏实。"

《世本》曰："倕作耒耜。""倕，神农之臣也。"

《吕氏春秋》曰："耜博六寸。"

《尔雅》曰："斪斸谓之定。"犍为舍人曰："斪斸，锄也，名定。"

《纂文》曰："养苗之道，锄不如耨，耨不如铲。铲柄长二尺，刃广二寸，以刬地除草。"

许慎《说文》曰："耒，手耕曲木也。""耜，耒端木也。""斸，斫也，齐谓之镃基。一曰，斤柄性自曲者也。""田，陈也，树谷曰田，象四口，十，阡陌之制也。""耕，犁也。从耒，井声。一曰，古者井田。"

刘熙《释名》曰："田，填也，五谷填满其中。""犁，利也，利则发土绝草根。""耨，似锄，妪耨禾也。""斸，诛也，主以诛锄物根株也。"

凡开荒山泽田，皆七月芟艾之，草干即放火，至春而开垦。根朽省功。其林木大者劁乌更反杀之,叶死不扇,便任耕种。三岁后,根枯茎朽,以火烧之。入地尽矣。耕荒毕,以铁齿鳎楱俎候反再遍杷之,漫掷黍穄,劳郎到反亦再遍。明年,乃中为谷田。

凡耕高下田,不问春秋,必须燥湿得所为佳。若水旱不调,宁燥不湿。燥耕虽块,一经得雨,地则粉解。湿耕坚垎(胡格反),数年不佳。谚曰:"湿耕泽锄,不如归去。"言无益而有损。湿耕者,白背速鳎楱之,亦无伤;否则大恶也。春耕寻手劳,古曰"耰",今曰"劳"。《说文》曰:"耰,摩田器。"今人亦名劳曰"摩",鄙语曰:"耕田摩劳"也。秋耕待白背劳。春既多风,若不寻劳,地必虚燥。秋田塌(长劫反)实,湿劳令地硬。谚曰:"耕而不劳,不如作暴。"盖言泽难遇,喜天时故也。桓宽《盐铁论》曰:"茂木之下无丰草,大块之间无美苗。"

凡秋耕欲深,春夏欲浅。犁欲廉,劳欲再。犁廉耕细,牛复不疲;再劳地熟,旱亦保泽也。秋耕稀一感反青者为上。比至冬月,青草复生者,其美与小豆同也。初耕欲深,转地欲浅。耕不深,地不熟;转不浅,动生土也。菅茅之地,宜纵牛羊践之,践则根浮。七月耕之则死。非七月,复生矣。

凡美田之法,绿豆为上,小豆、胡麻次之。悉皆五、六月中穊羹懿反种,七月、八月犁稀杀之,为春谷田,则亩收十石,其美与蚕矢、熟粪同。

凡秋收之后,牛力弱,未及即秋耕者,谷、黍、穄、粱、秫茇方末反之下,即移羸速锋之,地恒润泽而不坚硬。乃至冬初,常得耕劳,不患枯旱。若牛力少者,但九月、十月一劳之,至春穑汤历反种亦得。

《礼记·月令》曰:"孟春之月……天子乃以元日,祈谷于上帝。郑玄注曰:"谓上辛日,郊祭天。《春秋传》曰:'春郊祀后稷,以祈农事。是故启蛰而郊,郊而后耕。'上帝,太微之帝。"乃择元辰,天子亲载耒耜……率三公、九卿、诸侯、大夫,躬耕帝籍。"元辰,盖郊后吉辰也。……帝籍,为天神借民力所治之田也。"……是月也,天气下降,地气上腾,天地同和,草木萌动。

"此阳气蒸达，可耕之候也。农书曰：'土长冒橛，陈根可拔，耕者急发'也。"……命田司"司谓田畯，主农之官。"……善相丘陵、阪险、原隰，土地所宜，五谷所殖，以教导民。……田事既饬，先定准直，农乃不惑。

"仲春之月……耕者少舍，乃修阖扇。"舍，犹止也。蛰虫启户，耕事少闲，而治门户。用木曰阖，用竹、苇曰扇。"……无作大事，以妨农事。

"孟夏之月……劳农劝民，无或失时。"重力劳来之。"……命农勉作，无休于都。"急趣农也。……《王居明堂礼》曰：'无宿于国'也。"

"季秋之月……蛰虫咸俯在内，皆墐其户。"墐，谓涂闭之，此避杀气也。"

"孟冬之月……天气上腾，地气下降，天地不通，闭藏而成冬。……劳农以休息之。"'党正''属民饮酒，正齿位'是也。"

"仲冬之月……土事无作，慎无发盖，无发屋室……地气且泄，是谓发天地之房，诸蛰则死，民必疾疫。"大阴用事，尤重闭藏。"按：今世有十月、十一月耕者，匪直逆天道，害蛰虫，地亦无膏润，收必薄少也。

"季冬之月……命田官告人出五种。"命田官告民出五种，大寒过，农事将起也。"命农计耦耕事，脩耒耜，具田器。"耜者，耒之金，耜广五寸。田器，镃錤之属。"是月也，日穷于次，月穷于纪，星回于天，数将几终，"言日月星辰运行至此月，皆匝于故基。次，舍也；纪，犹合也。"岁且更始，专而农民，毋有所使。"而，犹汝也；言专一汝农民之心，令人预有志于耕稼之事；不可徭役，徭役之则志散，失其业也。""

《孟子》曰："士之仕也，犹农夫之耕也。"赵岐注曰："言仕之为急，若农夫不耕不可。"

魏文侯曰："民春以力耕，夏以强耘，秋以收敛。"

《杂阴阳书》曰："亥为天仓，耕之始。"

《吕氏春秋》曰："冬至后五旬七日昌生。昌者，百草之先生也，于是始耕。”高诱注曰:“昌,昌蒲,水草也。”

《淮南子》曰:“耕之为事也劳,织之为事也扰。扰劳之事而民不舍者,知其可以衣食也。人之情,不能无衣食。衣食之道,必始于耕织。……物之若耕织,始初甚劳,终必利也众。”又曰:“不能耕而欲黍粱,不能织而喜缝裳,无其事而求其功,难矣。”

《氾胜之书》曰:“凡耕之本,在于趣时,和土,务粪泽,早锄,早获。

“春冻解,地气始通,土一和解。夏至,天气始暑,阴气始盛,土复解。夏至后九十日,昼夜分,天地气和。以此时耕田,一而当五,名曰膏泽,皆得时功。

“春地气通,可耕坚硬强地黑垆土,辄平摩其块以生草;草生,复耕之;天有小雨,复耕和之,勿令有块以待时。所谓强土而弱之也。

“春候地气始通:椓橛木长尺二寸,埋尺,见其二寸;立春后,土块散,上没橛,陈根可拔。此时二十日以后,和气去,即土刚。以时耕,一而当四;和气去耕,四不当一。

“杏始华荣,辄耕轻土弱土。望杏花落,复耕。耕辄蔺之。草生,有雨泽,耕,重蔺之。土甚轻者,以牛羊践之。如此则土强。此谓弱土而强之也。

“春气未通,则土历適不保泽,终岁不宜稼,非粪不解。慎无旱耕。须草生,至可耕时,有雨即耕,土相亲,苗独生,草秽烂,皆成良田。此一耕而当五也。不如此而旱地,块硬,苗秽同孔出,不可锄治,反为败田。秋无雨而耕,绝土气,土坚垎,名曰‘腊田’。及盛冬耕,泄阴气,土枯燥,名曰‘脯田’。脯田与腊田,皆伤田,二岁不起稼,则一岁休之。

“凡麦田，常以五月耕，六月再耕，七月勿耕，谨摩平以待种时。五月耕，一当三。六月耕，一当再。若七月耕，五不当一。

“冬雨雪止，辄以蔺之，掩地雪，勿使从风飞去；后雪，复蔺之。则立春保泽，冻虫死，来年宜稼。

“得时之和，适地之宜，田虽薄恶，收可亩十石。”

崔寔《四民月令》曰：“正月，地气上腾，土长冒橛，陈根可拔，急菑强土黑垆之田。二月，阴冻毕泽，可菑美田缓土及河渚小处。三月，杏华盛，可菑沙白轻土之田。五月、六月，可菑麦田。”

崔寔《政论》曰：“武帝以赵过为搜粟都尉，教民耕殖。其法三犁共一牛，一人将之，下种，挽耧，皆取备焉。日种一顷。至今三辅犹赖其利。今辽东耕犁，辕长四尺，回转相妨，既用两牛，两人牵之，一人将耕，一人下种，二人挽耧：凡用两牛六人，一日才种二十五亩。其悬绝如此。”按：三犁共一牛，若今三脚耧矣，未知耕法如何？今自济州以西，犹用长辕犁、两脚耧。长辕耕平地尚可，于山涧之间则不任用，且回转至难，费力，未若齐人蔚犁之柔便也。两脚耧种，垅概，亦不如一脚耧之得中也。

收种第二

杨泉《物理论》曰：“粱者，黍、稷之总名；稻者，溉种之总名；菽者，众豆之总名。三谷各二十种，为六十；蔬、果之实，助谷各二十：凡为百种。故《诗》曰：‘播厥百谷’也。”

凡五谷种子，浥郁则不生，生者亦寻死。

种杂者，禾则早晚不均，舂复减而难熟，粜卖以杂糅见疵，炊爨失生熟之节：所以特宜存意，不可徒然。

粟、黍、穄、粱、秫，常岁岁别收：选好穗纯色者，劁才彫反刈高悬之。至春治取，别种，以拟明年种子。耧耩稀种，一斗可种一亩。量家田所须种子多少而种之。

其别种种子，常须加锄。锄多则无秕也。先治而别埋，先治，场净不杂；窖埋，又胜器盛。还以所治蘘草蔽窖。不尔，必有为杂之患。

将种前二十许日，开出，水淘，浮秕去则无莠。即晒令燥，种之。依《周官》相地所宜而粪种之。

《氾胜之术》曰："牵马令就谷堆食数口，以马践过为种，无虸蚄，厌虸蚄虫也。"

《周官》曰："草人，掌土化之法，以物地相其宜而为之种。郑玄注曰："土化之法，化之使美，若氾胜之术也。以物地，占其形色，为之种，黄白宜以种禾之属。"凡粪种：骍刚用牛，赤缇用羊，坟壤用麋，渴泽用鹿，咸潟用貆，勃壤用狐，埴垆用豕，强㯺用蕡，轻爂用犬。此"草人"职。郑玄注曰："凡所以粪种者，皆谓煮取汁也。赤缇，缥色也；渴泽，故水处也；潟，卤也；貆，貒也；勃壤，粉解者；埴垆，粘疏者；强㯺，强坚者；轻爂，轻脆者。故书'骍'为"挈'，'坟'作'盆'。杜子春'挈'读为'骍'，谓地色赤而土刚强也。郑司农云：'用牛，以牛骨汁渍其种也，谓之粪种。坟壤，多盆鼠也。壤，白色。蕡，麻也。'玄谓坟壤，润解。"

《淮南术》曰："从冬至日数至来年正月朔日，五十日者，民食足；不满五十日者，日减一斗；有余日，日益一斗。"

《氾胜之书》曰："种伤湿郁热则生虫也。

"取麦种，候熟可获，择穗大强者斩，束，立场中之高燥处，曝使极燥。无令有白鱼；有辄扬治之。取干艾杂藏之，麦一石，艾一把。藏以瓦器、竹器。顺时种之，则收常倍。

"取禾种，择高大者，斩一节下，把悬高燥处，苗则不败。

"欲知岁所宜，以布囊盛粟等诸物种，平量之，埋阴地。冬至后五十日，发取量之，息最多者，岁所宜也。"

崔寔曰："平量五谷各一升，小罂盛，埋垣北墙阴下……"余法同上。

《师旷占术》曰："杏多实不虫者，来年秋禾善。五木者，五谷之先；欲知五谷，但视五木。择其木盛者，来年多种之，万不失一也。"

种谷第三稗附出，稗为粟类故

种谷：

谷，稷也，名粟。谷者，五谷之总名，非止谓粟也。然今人专以稷为谷，望俗名之耳。

《尔雅》曰："粢，稷也。"

《说文》曰："粟，嘉谷实也。"

郭义恭《广志》曰："有赤粟、白茎，有黑格雀粟，有张公斑，有含黄仓，有青稷，有雪白粟，亦名白茎。又有白蓝下、竹头茎青、白逮麦、擢石精、卢狗蹯之名种云。"

郭璞注《尔雅》曰："今江东呼稷为粢。"孙炎曰："稷，粟也。"

按：今世粟名，多以人姓字为名目，亦有观形立名，亦有会义为称，聊复载之云耳：

朱谷、高居黄、刘猪獬、道愍黄、聒谷黄、雀懊黄、续命黄、百日粮，有起妇黄、辱稻粮、奴子黄、䅜(音加)支谷、焦金黄、鹌(乌含反)履仓——一名麦争场：此十四种，早熟，耐旱，熟早免虫。聒谷黄、辱稻粮二种，味美。

今堕车、下马看、百群羊、悬蛇赤尾、罴虎黄、雀民泰、马曳缰、刘猪赤、李浴黄、阿摩粮、东海黄、石骍(良卧反)岁(苏卧反)、青茎青、黑好黄、陌南禾、隈堤黄、宋冀痴、指张黄、兔脚青、惠日黄、写风赤、一晛(奴见反)黄、山鹾(粗左反)、顿税黄：此二十四种，穗皆有毛，耐风，免雀暴。一晛黄一种，易舂。

宝珠黄、俗得白、张邻黄、白鹾谷、钩干黄、张蚁白、耿虎黄、都奴赤、茄芦黄、薰猪赤、魏爽黄、白茎青、竹根黄、调母粱、磊碨黄、刘沙白、僧延黄、赤粱谷、灵忽黄、獭尾青、续德黄、秆容青、孙延黄、猪矢青、烟熏黄、乐婢青、平寿黄、鹿橛白、鹾折筐、黄穇䅟、阿居黄、赤巴粱、鹿蹄黄、饿狗仓、可怜黄、米谷、鹿橛青、阿逻逻：此三十八种，中租大谷。白鹾谷、调母粱二种，味美。秆容青、阿居黄、猪矢青三种，味恶。黄穇䅟、乐婢青二种，易舂。

竹叶青、石抑闵（创怪反）、——竹叶青一名胡谷——水黑谷、忽泥青、冲天棒、雉子青、鸱脚谷、雁头青、揽堆黄、青子规：此十种，晚熟，耐水；有虫灾则尽矣。

凡谷，成熟有早晚，苗秆有高下，收实有多少，质性有强弱，米味有美恶，粒实有息耗。早熟者苗短而收多，晚熟者苗长而收少。强苗者短，黄谷之属是也；弱苗者长，青、白、黑是也。收少者美而耗，收多者恶而息也。地势有良薄，良田宜种晚，薄田宜种早。良田非独宜晚，早亦无害；薄田宜早，晚必不成实也。山、泽有异宜。山田种强苗，以避风霜；泽田种弱苗，以求华实也。顺天时，量地利，则用力少而成功多。任情返道，劳而无获。入泉伐木，登山求鱼，手必虚；迎风散水，逆坂走丸，其势难。

凡谷田，绿豆、小豆底为上，麻、黍、胡麻次之，芜菁、大豆为下。常见瓜底，不减绿豆，本既不论，聊复记之。

良地一亩，用子五升，薄地三升。此为稙谷，晚田加种也。

谷田必须岁易。飒子则莠多而收薄矣。飒，尹绢反。

二月、三月种者为稙禾，四月、五月种者为稚禾。二月上旬及麻菩音倍，音勃、杨生种者为上时，三月上旬及清明节、桃始花为中时，四月上旬及枣叶生、桑花落为下时。岁道宜晚者，五月、六月初亦得。

凡春种欲深，宜曳重挞。夏种欲浅，直置自生。春气冷，生迟，不曳挞则根虚，虽生辄死。夏气热而生速，曳挞遇雨必坚垎。其春泽多者，或亦不须挞；必欲挞者，宜须待白背，湿挞令地坚硬故也。

凡种谷，雨后为佳。遇小雨，宜接湿种；遇大雨，待秽生。小雨不接湿，无以坐禾苗；大雨不待白背，湿辗则令苗瘦。秽若盛者，先锄一遍，然后纳种乃佳也。春若遇旱，秋耕之地，得仰垅待雨。春耕者，不中也。夏若仰垅，非直荡汰不生，兼与草秽俱出。

凡田欲早晚相杂。防岁道有所宜。有闰之岁，节气近后，宜晚田。然大率欲早，早田倍多于晚。早田净而易治，晚者芜秽难治。其收任多少，从岁所宜，非关早晚。然早谷皮薄，米实而多；晚谷皮厚，米少而虚也。

苗生如马耳则镞锄。谚曰："欲得谷，马耳镞（初角切）。"稀豁之处，锄而补之。用功盖不足言，利益动能百倍。凡五谷，唯小锄为良。小锄者，非直省功，谷亦倍胜。大锄者，草根繁茂，用功多而收益少。良田率一尺留一科。刘章《耕田歌》曰："深耕穊种，立苗欲疏；非其类者，锄而去之。"谚云："回车倒马，掷衣不下，皆十石而收。"言大稀大穊之收，皆均平也。

薄地寻垅蹑之。不耕故。

苗出垅则深锄。锄不厌数，周而复始，勿以无草而暂停。锄者非止除草，乃地熟而实多，糠薄米息。锄得十遍，便得"八米"也。

春锄起地，夏为除草。故春锄不用触湿，六月以后，虽湿亦无嫌。春苗既浅，阴未覆地，湿锄则地坚。夏苗阴厚，地不见日，故虽湿亦无害矣。《管子》曰："为国者，使农寒耕而热芸。"芸，除草也。

苗既出垅，每一经雨，白背时，辄以铁齿镅楱纵横杷而劳之。杷法：令人坐上，数以手断去草；草塞齿，则伤苗。如此，令地熟软，易锄省力。中锋止。

苗高一尺，锋之。三遍者皆佳。耩故项反者，非不壅本苗深，杀草益实，然令地坚硬，乏泽难耕。锄得五遍已上，不烦耩。必欲耩者，刈谷之后，即锋茇（方末反）下令突起，则润泽易耕。

凡种，欲牛迟缓行，种人令促步以足蹑垅底。牛迟则子匀，足蹑则苗茂。足迹相接者，亦可不烦挞也。

熟，速刈。干，速积。刈早则镰伤，刈晚则穗折，遇风则收减。湿积则藁烂，积晚则损耗，连雨则生耳。

凡五谷，大判上旬种者全收，中旬中收，下旬下收。

《杂阴阳书》曰："禾'生'于枣或杨。九十日秀，秀后六十日成。禾生于寅，壮于丁、午，长于丙，老于戊，死于申，恶于壬、癸，忌于乙、丑。

"凡种五谷，以'生'、'长'、'壮'日种者多实，'老'、'恶'、'死'日种者收薄，以忌日种者败伤。又用'成'、'收'、'满'、'平'、'定'日为佳。"

《氾胜之书》曰："小豆忌卯，稻、麻忌辰，禾忌丙，黍忌丑，秫忌寅、未，小麦忌戌，大麦忌子，大豆忌申、卯。凡九谷有忌日，种之不避其忌，则多伤败。此非虚语也。其自然者，烧黍穰则害瓠。"《史记》曰："阴阳之家，拘而多忌。"止可知其梗概，不可委曲从之。谚曰："以时，及泽，为上策"也。

《礼记·月令》曰："孟秋之月……修宫室，坏垣墙。

"仲秋之月……可以筑城郭……穿窦窖，修囷仓。郑玄曰："为民当入，物当藏也。……堕曰窦，方曰窖。"按：谚曰："家贫无所有，秋墙三五堵。"盖言秋墙坚实，土功之时，一劳永逸，亦贫家之宝也。乃命有司，趣民收敛，务畜菜，多积聚。"始为御冬之备。"

"季秋之月……农事备收。"备，犹尽也。"

"孟冬之月……谨盖藏……循行积聚，无有不敛。"谓刍、禾、薪、蒸之属也。"

"仲冬之月……农有不收藏积聚者……取之不诘。"此收敛尤急之时，有人取者不罪，所以警其主也。""

《尚书考灵曜》曰："春，鸟星昏中，以种稷。"鸟，朱鸟鹑火也。"秋，虚星昏中，以收敛。"虚，玄枵也。""

《庄子》长梧封人曰："昔予为禾，耕而卤莽忙补反之，则其实亦卤莽而报予;芸而灭裂之,其实亦灭裂而报予。郭象曰:"卤莽、灭裂,轻脱末略,不尽其分。"予来年变齐在细反,深其耕而熟耰之,其禾繁以滋。予终年厌飧。"

《孟子》曰:"不违农时,谷不可胜食。"赵岐注曰:"使民得务农,不违夺其农时,则五谷饶穰,不可胜食也。""谚曰:'虽有智惠,不如乘势;虽有镃錤上兹下其,不如待时。'"赵岐曰:"乘势,居富贵之势。镃錤,田器,耒耜之属。待时,谓农之三时。"又曰:"五谷,种之美者也;苟为不熟,不如稊稗。夫仁,亦在熟而已矣。"赵岐曰:"熟,成也。五谷虽美,种之不成,不如稊稗之草,其实可食。为仁不成,亦犹是。"

《淮南子》曰:"夫地势,水东流,人必事焉,然后水潦得谷行。"水势虽东流,人必事而通之,使得循谷而行也。"禾稼春生,人必加功焉,故五谷遂长。高诱曰:"加功,谓'是薫是蓘'芸耕之也。遂,成也。"听其自流,待其自生,大禹之功不立,而后稷之智不用。

"禹决江疏河,以为天下兴利,不能使水西流;后稷辟土垦草,以为百姓力农,然而不能使禾冬生:岂其人事不至哉?其势不可也。"春生、夏长、秋收、冬藏,四时不可易也。"

"食者民之本,民者国之本,国者君之本。是故人君上因天时,下尽地利,中用人力,是以群生遂长,五谷蕃殖。教民养育六畜,以时种树,务修田畴,滋殖桑麻。肥、墝、高、下,各因其宜。丘陵、阪险不生五谷者,树以竹木。春伐枯槁,夏取果蓏,秋畜蔬、食,"菜食曰蔬,谷食曰食。"冬伐薪、蒸,"大曰薪,小曰蒸。"以为民资。是故生无乏用,死无转尸。"转,弃也。"

"故先王之制,四海云至,而修封疆;"四海云至,二月也。"虾蟆鸣,燕降,而通路除道矣;"燕降,三月。"阴降百泉,则修桥梁。"阴降百泉,十月。"昏,张中,则务树谷;"三月昏,张星中于南方。张,南方朱鸟之宿。"大火中，即种黍、菽；“大火昏中，六月。”虚中，即种宿麦；“虚昏中，九月。”昴星中，则收敛蓄积，伐薪木。“昴星，西方白虎之宿。季秋之月，收敛蓄积。”……所以应时修备，富国利民。

“霜降而树谷，冰泮而求获，欲得食则难矣。”

又曰：“为治之本，务在安民；安民之本，在于足用；足用之本，在于勿夺时；“言不夺民之农要时。”勿夺时之本，在于省事；省事之本，在于节欲；“节，止；欲，贪。”节欲之本，在于反性。“反其所受于天之正性也。”未有能摇其本而靖其末，浊其源而清其流者也。

“夫日回而月周，时不与人游。故圣人不贵尺璧而重寸阴，时难得而易失也。故禹之趋时也，履遗而不纳，冠挂而不顾，非争其先也，而争其得时也。”

《吕氏春秋》曰：“苗，其弱也欲孤，“弱，小也。苗始生小时，欲得孤特，疏数适，则苗茂也。”其长也欲相与俱，“言相依植，不偃仆。”其熟也欲相扶。“相扶持，不伤折。”是故三以为族，乃多粟。“族，聚也。””“吾苗有行，故速长；弱不相害，故速大。横行必得，从行必术，正其行，通其风。“行，行列也。””

《盐铁论》曰：“惜草茅者耗禾稼，惠盗贼者伤良人。”

《氾胜之书》曰：“种禾无期，因地为时。三月榆荚时雨，高地强土可种禾。

“薄田不能粪者，以原蚕矢杂禾种种之，则禾不虫。

“又取马骨剉一石，以水三石，煮之三沸；漉去滓，以汁渍附子五枚。三四日，去附子，以汁和蚕矢、羊矢各等分，挠呼毛反，搅也。令洞洞如稠粥。先种二十日时，以溲种，如麦饭状。常天旱燥时溲之，立干；薄布，数挠，令易干。明日复溲。天阴雨则勿溲。六七溲而止。辄曝，谨藏，勿令复湿。至可种时，以余汁溲而种之，则禾稼不蝗虫。

无马骨，亦可用雪汁。雪汁者，五谷之精也，使稼耐旱。常以冬藏雪汁，器盛，埋于地中。治种如此，则收常倍。”

《氾胜之书》“区种法”曰：“汤有旱灾，伊尹作为区田，教民粪种，负水浇稼。

“区田以粪气为美，非必须良田也。诸山、陵、近邑高危倾阪及丘、城上，皆可为区田。

“区田不耕旁地，庶尽地力。

“凡区种，不先治地，便荒地为之。

“以亩为率，令一亩之地，长十八丈，广四丈八尺；当横分十八丈作十五町；町间分为十四道，以通人行，道广一尺五寸；町皆广一丈五寸，长四丈八尺。尺直横凿町作沟，沟广一尺，深亦一尺。积壤于沟间，相去亦一尺。尝悉以一尺地积壤，不相受，令弘作二尺地以积壤。

“种禾、黍于沟间，夹沟为两行，去沟两边各二寸半，中央相去五寸，旁行相去亦五寸。一沟容四十四株。一亩合万五千七百五十株。种禾、黍，令上有一寸土，不可令过一寸，亦不可令减一寸。

“凡区种麦，令相去二寸一行。一行容五十二株。一亩凡九万三千五百五十株。麦上土，令厚二寸。

“凡区种大豆，令相去一尺二寸。一行容九株。一亩凡六千四百八十株。禾一斗，有五万一千余粒。黍亦少此少许。大豆一斗，一万五千余粒也。

“区种荏，令相去三尺。

“胡麻，相去一尺。

“区种，天旱常溉之，一亩常收百斛。

“上农夫区，方深各六寸，间相去九寸。一亩三千七百区。一日作千区。区种粟二十粒；美粪一升，合土和之。亩用种二升。秋收，区别三升粟，亩收百斛。丁男长女治十亩。十亩收千石。岁食三十六石，支二十六年。

“中农夫区，方九寸，深六寸，相去二尺。一亩千二十七区。用种一升。收粟五十一石。一日作三百区。

“下农夫区，方九寸，深六寸，相去三尺。一亩五百六十七区。用种半升。收二十八石。一日作二百区。谚曰：“顷不比亩善。”谓多恶不如少善也。西兖州刺史刘仁之，老成懿德，谓余言曰：“昔在洛阳，于宅田以七十步之地，试为区田，收粟三十六石。”然则一亩之收，有过百石矣。少地之家，所宜遵用之。

“区中草生，茇之。区间草，以刬刬之，若以锄锄。苗长不能耘之者，以钊镰比地刈其草矣。”

氾胜之曰：“验美田至十九石，中田十三石，薄田一十石。‘尹择’取减法，‘神农’复加之。

“骨汁、粪汁溲种：剉马骨、牛、羊、猪、麋、鹿骨一斗，以雪汁三斗，煮之三沸。取汁以渍附子，率汁一斗，附子五枚。渍之五日，去附子。捣麋、鹿、羊矢等分，置汁中熟挠和之。候晏温，又溲曝，状如‘后稷法’，皆溲汁干乃止。若无骨，煮缲蛹汁和溲。如此则以区种之，大旱浇之，其收至亩百石以上，十倍于‘后稷’。此言马、蚕，皆虫之先也，及附子，令稼不蝗虫，骨汁及缲蛹汁皆肥，使稼耐旱，终岁不失于获。

“获不可不速，常以急疾为务。芒张叶黄，捷获之无疑。

“获禾之法，熟过半断之。”

《孝经援神契》曰：“黄白土宜禾。”

《说文》曰：“禾，嘉谷也。以二月始生，八月而熟，得之中和，故谓之禾。禾，木也，木王而生，金王而死。”

崔寔曰：“二月、三月，可种稙禾。美田欲稠，薄田欲稀。”

《氾胜之书》曰："稙禾，夏至后八十、九十日，常夜半候之，天有霜若白露下，以平明时，令两人持长索，相对各持一端，以概禾中，去霜露，日出乃止。如此，禾稼五谷不伤矣。"

《氾胜之书》曰："稗，既堪水旱，种无不熟之时，又特滋茂盛，易生芜秽。良田亩得二三十斛。宜种之，备凶年。

"稗中有米，熟时捣取米，炊食之，不减粱米。又可酿作酒。酒势美酽，尤逾黍秫。魏武使典农种之，顷收二千斛，斛得米三四斗。大俭可磨食之。若值丰年，可以饭牛、马、猪、羊。

"虫食桃者粟贵。"

杨泉《物理论》曰："种作曰稼，稼犹种也；收敛曰穑，穑犹收也：古今之言云尔。稼，农之本；穑，农之末。本轻而末重，前缓而后急。稼欲熟，收欲速。此良农之务也。"

《汉书·食货志》曰："种谷必杂五种，以备灾害。"师古曰：'岁月有宜，及水旱之利也。五种即五谷，谓黍、稷、麻、麦、豆也。'"

"田中不得有树，用妨五谷。五谷之田，不宜树果。谚曰："桃李不言，下自成蹊。"非直妨耕种，损禾苗，抑亦惰夫之所休息，竖子之所嬉游。故齐桓公问于管子曰："饥寒，室屋漏而不治，垣墙坏而不筑，为之奈何？"管子对曰："沐涂树之枝。"公令谓左右伯："沐涂树之枝。"期年，民被布帛，治屋，筑垣墙。公问："此何故？"管子对曰："齐，夷莱之国也。一树而百乘息其下，以其不捎也。众鸟居其上，丁壮者胡丸操弹居其下，终日不归。父老柎枝而论，终日不去。今吾沐涂树之枝，日方中，无尺荫，行者疾走，父老归而治产，丁壮归而有业。"

"力耕数耘，收获如寇盗之至。"师古曰：'力谓勤作之也。如寇盗之至，谓促遽之甚，恐为风雨所损。'"

"还庐树桑，"师古曰：'还，绕也。'"菜茹有畦，《尔雅》曰："菜谓之蔌。""不熟曰馑。""蔬，菜总名也。""凡草、菜可食，通名曰蔬。"按：生曰菜，熟曰茹，犹生曰草，死曰芦。瓜、瓠、果、蓏，"郎果反。应劭曰：'木实曰果，草实曰蓏。'张晏曰：'有核曰果，无核曰蓏。'臣瓒按：木上曰果，地上曰蓏。'"《说文》曰："在木曰果，在草曰蓏。"许慎注《淮南子》曰："在树曰果，在地曰蓏。"郑玄注《周官》曰："果，桃李属；蓏，瓠属。"郭璞注《尔雅》曰："果，木子也。"高诱注《吕氏春秋》曰："有实曰果，无实曰蓏。"宋沈约注《春秋元命苞》曰："木实曰果；蓏，瓜瓠之属。"王广注《易传》曰："果、蓏者，物之实。"殖于疆易。"张晏曰：'至此易主，故曰易。'师古曰：'《诗·小雅·信南山》云：中田有庐，疆易有瓜。即谓此也。'"

"鸡、豚、狗、彘，毋失其时，女修蚕织，则五十可以衣帛，七十可以食肉。

"入者必持薪樵。轻重相分，班白不提挈。"师古曰：'班白者，谓发杂色也。不提挈者，所以优老人也。'"

"冬，民既入，妇人同巷，相从夜绩，女工一月得四十五日。"服虔曰：'一月之中，又得夜半，为十五日，凡四十五日也。'"必相从者，所以省费燎火，同巧拙而合习俗。"师古曰：'省费，省燎、火之费也。燎，所以为明；火，所以为温也。燎，音力召反。'"

"董仲舒曰：'《春秋》他谷不书，至于麦、禾不成则书之，以此见圣人于五谷，最重麦、禾也。'

"赵过为搜粟都尉。过能为代田，一亩三甽，"师古曰：'甽，垄也，音工犬反，字或作畎。'"岁代处，故曰代田。"师古曰：'代，易也。'"古法也。

"后稷始甽田：以二耜为耦，"师古曰：'并两耜而耕。'"广尺深尺曰甽，长终晦，一亩三甽，一夫三百甽，而播种于甽中。"师古曰：'播，布也。种，谓谷子也。'"苗生叶以上，稍耨垄草，"师古曰：'耨，锄也。'"因隤其土，以附苗根。"师古曰：'隤，谓下之也。音颓。'"故其《诗》曰：'或芸或芓，黍稷儗儗。'"师古曰：'《小雅·甫田》之诗。儗儗，盛貌。芸，音云。芓，音子。儗，音拟。'"芸，除草也。耔，附根也。言苗稍壮，每耨辄附根。比盛暑，垄尽而根深，"师古曰：'比，音必寐反。'"能风与旱，"师古曰：'能，读曰耐也。'"故儗儗而盛也。

“其耕、耘、下种田器，皆有便巧。率十二夫为田一井一屋，故亩五顷。“邓展曰：‘九夫为井，三夫为屋，夫百亩，于古为十二顷。古百步为亩，汉时二百四十步为亩，古千二百亩，则得今五顷。’”用耦犁：二牛三人。一岁之收，常过缦田亩一斛以上；“师古曰：‘缦田，谓不为甽者也。缦，音莫干反。’”善者倍之。“师古曰：‘善为甽者，又过缦田二斛以上也。’”

“过使教田太常、三辅。“苏林曰：‘太常，主诸陵，有民，故亦课田种。’”大农置工巧奴与从事，为作田器。二千石遣令、长、三老、力田，及里父老善田者，受田器，学耕种养苗状。“苏林曰：‘为法意状也。’”

“民或苦少牛，亡以趋泽。“师古曰：‘趋，读曰趣。趣，及也。泽，雨之润泽也。’”故平都令光，教过以人挽犁。“师古曰：‘挽，引也。音晚。’”过奏光以为丞，教民相与庸挽犁。“师古曰：‘庸，功也，言换功共作也。义亦与庸赁同。’”率多人者，田日三十亩，少者十三亩。以故田多垦辟。

“过试以离宫卒田其宫壖地，“师古曰：‘离宫，别处之宫，非天子所常居也。壖，余也。宫壖地，谓外垣之内，内垣之外也。诸缘河壖地，庙垣壖地，其义皆同。守离宫卒，闲而无事，因令于壖地为田也。壖，音而缘反。’”课得谷，皆多其旁田亩一斛以上。令命家田三辅公田。“李奇曰：‘令，使也。命者，教也。令离宫卒，教其家，田公田也。’韦昭曰：‘命，谓爵命者。命家，谓受爵命一爵为公士以上，令得田公田，优之也。’师古曰：‘令，音力成反。’又教边郡及居延城。“韦昭曰：‘居延，张掖县也，时有田卒也。’”是后边城、河东、弘农、三辅、太常民，皆便代田，用力少而得谷多。”

齐民要术卷第二

黍穄第四

《尔雅》曰:"秬,黑黍。秠,一稃二米。"郭璞注曰:"秠亦黑黍,但中米异耳。"孔子曰:"黍可以为酒。"

《广志》云:“有牛黍,有稻尾黍、秀成赤黍,有马革大黑黍,有秬黍,有温屯黄黍,有白黍,有坂芒、燕鸽之名。穄,有赤、白、黑、青、黄燕鸽,凡五种。”

按:今俗有鸳鸯黍、白蛮黍、半夏黍;有驴皮穄。

崔寔曰:“縻,黍之秫熟者,一名穄也。”

凡黍穄田,新开荒为上,大豆底为次,谷底为下。

地必欲熟。再转乃佳。若春夏耕者,下种后,再劳为良。

一亩,用子四升。

三月上旬种者为上时,四月上旬为中时,五月上旬为下时。夏种黍穄,与稙谷同时;非夏者,大率以椹赤为候。谚曰:“椹厘厘,种黍时。”燥湿候黄墒。始章切种讫不曳挞。常记十月、十一月、十二月冻树日种之,万不失一。冻树者,凝霜封着木条也。假令月三日冻树,还以月三日种黍;他皆仿此。十月冻树宜早黍,十一月冻树宜中黍,十二月冻树宜晚黍。若从十月至正月皆冻树者,早晚黍悉宜也。

苗生陇平,即宜杷劳。锄三遍乃止。锋而不耩。苗晚耩,即多折也。

刈穄欲早,刈黍欲晚。穄晚多零落,黍早米不成。谚曰:“穄青喉,黍折头。”皆即湿践。久积则浥郁,燥践多兜牟。穄,践讫即蒸而裛于劫反之。不蒸者难舂,米碎,至舂又土臭;蒸则易舂,米坚,香气经夏不歇也。黍,宜晒之令燥。湿聚则郁。

凡黍,黏者收薄。穄,味美者亦收薄,难舂。

《杂阴阳书》曰:“黍‘生’于榆。六十日秀,秀后四十日成。黍生于巳,壮于酉,长于戌,老于亥,死于丑,恶于丙、午,忌于丑、寅、卯。穄,忌于未、寅。”

《孝经援神契》云:“黑坟宜黍、麦。”

《尚书考灵曜》云:“夏,火星昏中,可以种黍、菽。“火,东方苍龙之宿,四月昏中,在南方。菽,大豆也。””

《氾胜之书》曰："黍者，暑也，种者必待暑。先夏至二十日，此时有雨，强土可种黍。谚曰："前十鸱张，后十羌襄，欲得黍，近我旁。""我旁"，谓近夏至也，盖可以种晚黍也。一亩，三升。

"黍心未生，雨灌其心，心伤无实。

"黍心初生，畏天露。令两人对持长索，搜去其露，日出乃止。

"凡种黍，覆土锄治，皆如禾法；欲疏于禾。"按：疏黍虽科，而米黄，又多减及空；今概，虽不科而米白，且均熟不减，更胜疏者。氾氏云："欲疏于禾"，其义未闻。

崔氏曰："四月蚕入簇，时雨降，可种黍、禾，谓之上时。

"夏至先后各二日，可种黍。

"虫食李者黍贵也。"

粱秫第五

《尔雅》曰："虋，赤苗也；芑，白苗也。"郭璞注曰："虋，今之赤粱粟；芑，今之白粱粟：皆好谷也。"犍为舍人曰："是伯夷、叔齐所食首阳草也。"

《广志》曰："有具粱、解粱；有辽东赤粱，魏武帝尝以作粥。"

《尔雅》曰："粟，秫也。"孙炎曰："秫，黏粟也。"

《广志》曰："秫，粘粟，有赤、有白者；有胡秫，早熟及麦。"

《说文》曰："秫，稷之粘者。"

按：今世有黄粱，谷秫，桑根秫，榯天棓秫也。

粱秫并欲薄地而稀，一亩用子三升半。地良多雉尾，苗概穗不成。

种与植谷同时。晚者全不收也。

燥湿之宜，杷劳之法，一同谷苗。

收刈欲晚。性不零落，早刈损实。

大豆第六

《尔雅》曰:“戎叔谓之荏菽。”孙炎注曰:“戎叔,大菽也。”

张揖《广雅》曰:“大豆,菽也。小豆,荅也。豍(方迷反)豆、豌豆,留豆也。胡豆,䝑(胡江反)䝗(音双)也。”

《广志》曰:“重小豆,一岁三熟,椠甘。白豆,粗大可食。刺豆,亦可食。秬豆,苗似小豆,紫花,可为面,生朱提、建宁。大豆:有黄落豆;有御豆,其豆角长;有杨豆,叶可食。胡豆,有青、有黄者。”

《本草经》云:“张骞使外国,得胡豆。”

今世大豆,有白、黑二种,及长梢、牛践之名。小豆有菉、赤、白三种。黄高丽豆、黑高丽豆、燕豆、豍豆,大豆类也;豌豆、江豆、䝁豆,小豆类也。

春大豆,次稙谷之后。二月中旬为上时,一亩用子八升。三月上旬为中时,用子一斗。四月上旬为下时。用子一斗二升。岁宜晚者,五六月亦得;然稍晚稍加种子。

地不求熟。秋锋之地,即稿种。地过熟者,苗茂而实少。

收刈欲晚。此不零落,刈早损实。

必须耧下。种欲深故。豆性强,苗深则及泽。锋、耩各一。锄不过再。

叶落尽,然后刈。叶不尽,则难治。刈讫则速耕。大豆性炒,秋不耕则无泽也。

种茭者,用麦底。一亩用子三升。先漫散讫,犁细浅畤良辍反而劳之。旱则萁坚叶落,稀则苗茎不高,深则土厚不生。若泽多者,先深耕讫,逆垡掷豆,然后劳之。泽少则否,为其浥郁不生。九月中,候近地叶有黄落者,速刈之。叶少不黄必浥郁。刈不速,逢风则叶落尽,遇雨则烂不成。

《杂阴阳书》曰:“大豆生于槐。九十日秀,秀后七十日熟。豆生于申,壮于子,长于壬,老于丑,死于寅,恶于甲、乙,忌于卯、午、丙、丁。”

《孝经援神契》曰：“赤土宜菽也。”

《氾胜之书》曰：“大豆保岁易为，宜古之所以备凶年也。谨计家口数，种大豆，率人五亩。此田之本也。

“三月榆荚时，有雨，高田可种大豆。土和无块，亩五升；土不和，则益之。种大豆，夏至后二十日，尚可种。戴甲而生，不用深耕。

“大豆须均而稀。

“豆花憎见日，见日则黄烂而根焦也。

“获豆之法，荚黑而茎苍，辄收无疑；其实将落，反失之。故曰：‘豆熟于场。’于场获豆，即青荚在上，黑荚在下。”

氾胜之区种大豆法：“坎方深各六寸，相去二尺，一亩得千二百八十坎。其坎成，取美粪一升，合坎中土搅和，以内坎中。临种沃之，坎三升水。坎内豆三粒；覆上土，勿厚，以掌抑之，令种与土相亲。一亩用种二升，用粪十二石八斗。

“豆生五六叶，锄之。旱者溉之，坎三升水。

“丁夫一人，可治五亩。至秋收，一亩中十六石。

“种之上，土才令蔽豆耳。”

崔寔曰：“正月可种豍豆。二月可种大豆。”又曰：“三月，昏参夕，杏花盛，桑椹赤，可种大豆，谓之上时。四月，时雨降，可种大小豆。美田欲稀，薄田欲稠。”

小豆第七

小豆，大率用麦底。然恐小晚，有地者，常须兼留去岁谷下以拟之。

夏至后十日种者为上时，一亩用子八升。初伏断手为中时，一亩用子一斗。中伏断手为下时，一亩用子一斗二升。中伏以后则晚矣。谚曰："立秋叶如荷钱，犹得豆"者，指谓宜晚之岁耳，不可为常矣。

熟耕，耧下以为良。泽多者，耧耩，漫掷而劳之，如种麻法。未生，白背劳之极佳。漫掷，犁畤，次之。穑土历反种为下。

锋而不耩，锄不过再。

叶落尽，则刈之。叶未尽者，难治而易湿也。豆角三青两黄，拔而倒聚笼丛之，生者均熟，不畏严霜，从本至末，全无秕减，乃胜刈者。

牛力若少，得待春耕；亦得穑种。

凡大小豆，生既布叶，皆得用铁齿䥽楱俎遘反纵横杷而劳之。

《杂阴阳书》曰："小豆生于李。六十日秀，秀后六十日成。成后，忌与大豆同。"

《氾胜之书》曰："小豆不保岁，难得。

"椹黑时，注雨种，亩五升。

"豆生布叶，锄之。生五六叶，又锄之。

"大豆、小豆，不可尽治也。古所以不尽治者，豆生布叶，豆有膏，尽治之则伤膏，伤则不成。而民尽治，故其收耗折也。故曰，豆不可尽治。

"养美田，亩可十石；以薄田，尚可亩取五石。"谚曰："与他作豆田。"斯言良美可惜也。

《龙鱼河图》曰："岁暮夕，四更中，取二七豆子，二七麻子，家人头发少许，合麻豆着井中，咒敕井，使其家竟年不遭伤寒，辟五方疫鬼。"

《杂五行书》曰："常以正月旦——亦用月半——以麻子二七颗，赤小豆七枚，置井中，辟疫病，甚神验。"又曰："正月七日，七月七日，男吞赤小豆七颗，女吞十四枚，竟年无病，令疫病不相染。”

种麻第八

《尔雅》曰：“黂，枲实。枲，麻。（别二名。）”“茡，麻母。”孙炎注曰：“黂，麻子。”“茡，苴麻盛子者。”

崔寔曰：“牡麻，无实，好肥理，一名为枲也。”

凡种麻，用白麻子。白麻子为雄麻。颜色虽白，啮破枯燥无膏润者，秕子也，亦不中种。市籴者，口含少时，颜色如旧者佳；如变黑者，衰。崔寔曰：“牡麻子，青白，无实，两头锐而轻浮。”

麻欲得良田，不用故墟。故墟亦良，有黠（丁破反）叶夭折之患，不任作布也。地薄者粪之。粪宜熟。无熟粪者，用小豆底亦得。崔寔曰：“正月粪畴。畴，麻田也。”

耕不厌熟。纵横七遍以上，则麻无叶也。田欲岁易。抛子种则节高。

良田一亩，用子三升；薄田二升。穊则细而不长，稀则粗而皮恶。

夏至前十日为上时，至日为中时，至后十日为下时。“麦黄种麻，麻黄种麦”，亦良候也。谚曰：“夏至后，不没狗。”或答曰：“但雨多，没橐驼。”又谚曰：“五月及泽，父子不相借。”言及泽急，说非辞也。夏至后者，非唯浅短，皮亦轻薄。此亦趋时不可失也。父子之间，尚不相假借，而况他人者也？

泽多者，先渍麻子令芽生。取雨水浸之，生茅疾；用井水则生迟。浸法：着水中，如炊两石米顷，漉出；着席上，布令厚三四寸，数搅之，令均得地气。一宿则芽出。水若滂沛，十日亦不生。待地白背，耧耩，漫掷子，空曳劳。截雨脚即种者，地湿，麻生瘦；待白背者，麻生肥。泽少者，暂浸即出，不得待芽生，耧头中下之。不劳曳挞。

麻生数日中，常驱雀。叶青乃止。布叶而锄。频烦再遍止。高而锄者，便伤麻。

勃如灰便收。刈，拔，各随乡法。未勃者收，皮不成；放勃不收而即骊。𥢶欲小，穛欲薄。为其易干。一宿辄翻之。得霜露则皮黄也。

获欲净。有叶者喜烂。沤欲清水，生熟合宜。浊水则麻黑，水少则麻脆。生则难剥，大烂则不任。暖泉不冰冻，冬日沤者，最为柔韧也。

《卫诗》曰："艺麻如之何？衡从其亩。"《毛诗》注曰："艺，树也。衡猎之，从猎之，种之然后得麻。"

《氾胜之书》曰："种枲太早，则刚坚、厚皮、多节；晚则皮不坚。宁失于早，不失于晚。

"获麻之法，穗勃勃如灰，拔之。

"夏至后二十日沤枲，枲和如丝。"

崔寔曰："夏至先后各五日，可种牡麻。""牡麻，有花无实。"

种麻子第九

崔寔曰："苴麻，麻之有蕴者，莩麻是也。一名𪎊。"

止取实者，种斑黑麻子。斑黑者饶实。崔寔曰："苴麻，子黑，又实而重，捣治作烛，不作麻。"

耕须再遍。一亩用子三升。种法与麻同。

三月种者为上时，四月为中时，五月初为下时。

大率二尺留一根。穊则不科。锄常令净。荒则少实。既放勃，拔去雄。若未放勃去雄者，则不成子实。

凡五谷地畔近道者，多为六畜所犯，宜种胡麻、麻子以遮之。胡麻，六畜不食；麻子啮头，则科大。收此二实，足供美烛之费也。慎勿于大豆地中杂种麻子。扇地两损，而收并薄。六月间，可于麻子地间，散芜菁子而锄之，拟收其根。

《杂阴阳书》曰："麻'生'于杨或荆。七十日花，后六十日熟。种忌四季——辰、未、戌、丑——戊、己。"

《氾胜之书》曰："种麻，预调和田。二月下旬，三月上旬，傍雨种之。"

"麻生布叶，锄之。率九尺一树。树高一尺，以蚕矢粪之，树三升。无蚕矢，以溷中熟粪粪之，亦善，树一升。天旱，以流水浇之，树五升。无流水，曝井水，杀其寒气以浇之。雨泽时适，勿浇。浇不欲数。养麻如此，美田则亩五十石，及百石，薄田尚三十石。

"获麻之法，霜下实成，速斫之；其树大者，以锯锯之。"

崔寔曰："二、三月，可种苴麻。""麻之有实者为苴。"

大小麦第十瞿麦附

《广雅》曰："大麦，麰也；小麦，麳也。"

《广志》曰："虏水麦，其实大麦形，有缝。稨麦，似大麦，出凉州。旋麦，三月种，八月熟，出西方。赤小麦，赤而肥，出郑县。语曰：'湖猪肉，郑稀熟。'山提小麦，至粘弱，以贡御。有半夏小麦，有秃芒大麦，有黑穬麦。"

《陶隐居本草》云："大麦为五谷长，即今裸麦也，一名麰麦，似穬麦，唯无皮耳。穬麦，此是今马食者。"然则大、穬二麦，种别名异，而世人以为一物，谬矣。

按：世有落麦者，秃芒是也。又有春种穬麦也。

大小麦，皆须五月、六月暵地。不暵地而种者，其收倍薄。崔寔曰："五月、六月菑麦田也。"

种大小麦，先畤，逐犁稀种者佳。再倍省种子而科大。逐犁掷之亦得，然不如作稀耐旱。其山田及刚强之地，则耧下之。其种子宜加五省于下田。凡耧种者，非直土浅易生，然于锋、锄亦便。

穬麦，非良地则不须种。薄地徒劳，种而必不收。凡种穬麦，高下田皆得用，但必须良熟耳。高田借拟禾、豆，自可专用下田也。八月中戊社前种者为上时，掷者，亩用子二升半。下戊前为中时，用子三升。八月末九月初为下时。用子三升半或四升。

小麦宜下田。歌曰："高田种小麦，稴䅉不成穗。男儿在他乡，那得不憔悴？"八月上戊社前为上时，掷者，用子一升半也。中戊前为中时，用子二升。下戊前为下时。用子二升半。

正月、二月，劳而锄之。三月、四月，锋而更锄。锄麦倍收，皮薄面多；而锋、劳、锄各得再遍为良也。

令立秋前治讫。立秋后则虫生。蒿、艾箪盛之，良。以蒿、艾蔽窖埋之，亦佳。窖麦法：必须日曝令干，及热埋之。多种久居供食者，宜作劁才彫切麦：倒刈，薄布，顺风放火；火既着，即以扫帚扑灭，仍打之。如此者，经夏虫不生；然唯中作麦饭及面用耳。

《礼记·月令》曰："仲秋之月……乃劝人种麦，无或失时；其有失时，行罪无疑。"郑玄注曰："麦者，接绝续乏之谷，尤宜重之。"

《孟子》曰："今夫麰麦，播种而櫌之，其地同，树之时又同；浡然而生，至于日至之时，皆熟矣。虽有不同，则地有肥硗，雨露之所养，人事之不齐。"

《杂阴阳书》曰："大麦生于杏。二百日秀，秀后五十日成。麦生于亥，壮于卯，长于辰，老于巳，死于午，恶于戌，忌于子、丑。小麦生于桃。二百一十日秀，秀后六十日成。忌与大麦同。虫食杏者麦贵。"

种瞿麦法：以伏为时。一名"地面"。良地一亩，用子五升，薄田三四升。亩收十石。浑蒸，曝干，舂去皮，米全不碎。炊作飧，甚滑。细磨，下绢簁，作饼，亦滑美。然为性多秽，一种此物，数年不绝；耘锄之功，更益劬劳。

《尚书大传》曰:“秋,昏,虚星中,可以种麦。”“虚,北方玄武之宿,八月昏中,见于南方。”

《说文》曰:“麦,芒谷。秋种厚埋,故谓之‘麦’。麦,金王而生,火王而死。”

《氾胜之书》曰:“凡田有六道,麦为首种。种麦得时,无不善。夏至后七十日,可种宿麦。早种则虫而有节,晚种则穗小而少实。

“当种麦,若天旱无雨泽,则薄渍麦种以酢且故反浆并蚕矢;夜半渍,向晨速投之,令与白露俱下。酢浆令麦耐旱,蚕矢令麦忍寒。

“麦生黄色,伤于太稠。稠则锄而稀之。

“秋锄以棘柴耧之,以壅麦根。故谚曰:‘子欲富,黄金覆。’黄金覆者,谓秋锄麦、曳柴壅麦根也。至春冻解,棘柴曳之,突绝其干叶。须麦生,复锄之。到榆荚时,注雨止,候土白背复锄。如此则收必倍。

“冬雨雪止,以物辄蔺麦上,掩其雪,勿令从风飞去。后雪,复如此。则麦耐旱,多实。

“春冻解,耕和土,种旋麦。麦生根茂盛,莽锄如宿麦。”

氾胜之区种麦:“区大小如上农夫区。禾收,区种。凡种一亩,用子二升。覆土厚二寸,以足践之,令种土相亲。麦生根成,锄区间秋草。缘以棘柴律土壅麦根。秋旱,则以桑落时浇之。秋雨泽适,勿浇之。春冻解,棘柴律之,突绝去其枯叶。区间草生,锄之。大男大女治十亩。至五月收,区一亩,得百石以上,十亩得千石以上。

“小麦忌戌,大麦忌子,‘除’日不中种。”

崔寔曰:“凡种大小麦,得白露节,可种薄田;秋分,种中田;后十日,种美田。唯穬,早晚无常。正月,可种春麦、豍豆,尽二月止。”

青稞麦:特打时稍难,唯快日用碌碡碾。右每十亩,用种八斗。与大麦同时熟。好收四十石。石八九斗面。堪作饭及饼饦,甚美。磨,总尽无菽。锄一遍佳，不锄亦得。

水稻第十一

《尔雅》曰："稌，稻也。"郭璞注曰："沛国今呼稻为稌。"

《广志》云："有虎掌稻、紫芒稻、赤芒稻、白米稻。南方有蝉鸣稻，七月熟。有盖下白稻，正月种，五月获；获讫，其茎根复生，九月熟。青芋稻，六月熟；累子稻，白汉稻，七月熟：此三稻，大而且长，米半寸，出益州。稉，有乌稉、黑穬、青函、白夏之名。"

《说文》曰："穬，稻紫茎不粘者。""稉，稻属。"

《风土记》曰："稻之紫茎，穲，稻之青穗，米皆青白也。"

《字林》曰："秜（力脂反），稻今年死，来年自生曰秜。"

按：今世有黄瓮稻、黄陆稻、青稗稻、豫章青稻、尾紫稻、青杖稻、飞蜻稻、赤甲稻、乌陵稻、大香稻、小香稻、白地稻；菰灰稻，一年再熟。有秫稻。秫稻米，一名糯（奴乱反）米，俗云"乱米"，非也。有九稃秫、雉目秫、大黄秫、棠秫、马牙秫、长江秫、惠成秫、黄般秫、方满秫、虎皮秫、荟柰秫，皆米也。

稻，无所缘，唯岁易为良。选地欲近上流。地无良薄，水清则稻美也。

三月种者为上时，四月上旬为中时，中旬为下时。

先放水，十日后，曳陆轴十遍。遍数唯多为良。地既熟，净淘种子，浮者不去，秋则生稗。渍经三宿，漉出，内草篅市规反中裛之。复经三宿，芽生，长二分，一亩三升掷。三日之中，令人驱鸟。

稻苗长七八寸，陈草复起，以镰侵水芟之，草悉脓死。稻苗渐长，复须薅。拔草曰薅，虎高切。薅讫，决去水，曝根令坚。量时水旱而溉之。将熟，又去水。

霜降获之。早刈米青而不坚，晚刈零落而损收。

北土高原，本无陂泽。随逐隈曲而田者，二月，冰解地干，烧而耕之，仍即下水。十日，块既散液，持木斫平之。纳种如前法。既生七八寸，拔而栽之。既非岁易，草稗俱生，芟亦不死，故须栽而薅之。溉灌，收刈，一如前法。

畦畤大小无定，须量地宜，取水均而已。

藏稻必须用箪。此既水谷，窖埋得地气则烂败也。若欲久居者，亦如劁麦法。

舂稻，必须冬时积日燥曝，一夜置霜露中，即舂。若冬舂不干，即米青赤脉起。不经霜，不燥曝，则米碎矣。

秫稻法，一切同。

《杂阴阳书》曰："稻生于柳或杨。八十日秀，秀后七十日成。戊、己、四季日为良。忌寅、卯、辰，恶甲、乙。"

《周官》曰："稻人，掌稼下地。"以水泽之地种谷也。谓之稼者，有似嫁女相生。"以潴畜水，以防止水，以沟荡水，以遂均水，以列舍水；以浍写水。以涉扬其芟，作田。""郑司农说'潴'、'防'：以《春秋传》曰：'町原防，规偃潴。''以列舍水'：'列者，非一道以去水也。''以涉扬其芟'：'以其水写，故得行其田中，举其芟钩也。'杜子春读'荡'为'和荡'，谓'以沟行水也'。玄谓偃潴者，畜流水之陂也。防，潴旁堤也。遂，田首受水小沟也。列，田之畦畤也。浍，田尾去水大沟。作，犹治也。开遂舍水于列中，因涉之，扬去前年所芟之草，而治田种稻。"

"凡稼泽，夏以水殄草而芟夷之。"殄，病也，绝也。郑司农说'芟夷'：以《春秋传》曰：'芟夷、蕰崇之。'今时谓禾下麦为'夷下麦'，言芟刈其禾，于下种麦也。玄谓将以泽地为稼者，必于夏六月之时，大雨时行，以水病绝草之后生者，至秋水涸，芟之，明年乃稼。"泽草所生，种之芒种。""郑司农云：'泽草之所生，其地可种芒种。'芒种，稻、麦也。"

《礼记·月令》云："季夏……大雨时行，乃烧、薙，行水，利以杀草，如以热汤。郑玄注曰：“薙，谓迫地杀草。此谓欲稼莱地，先薙其草，草干，烧之。至此月，大雨流潦，畜于其中，则草不复生，地美可稼也。‘薙氏，掌杀草：春始生而萌之，夏日至而夷之，秋绳而芟之，冬日至而耜之。若欲其化也，则以水火变之。’”可以粪田畴，可以美土强。”注曰：“土润，溽暑，膏泽易行也。粪、美，互文。土强，强檃之地。”

《孝经援神契》曰：“汙、泉宜稻。”

《淮南子》曰：“蓠，先稻熟，而农夫薅之者，不以小利害大获。”高诱曰：“蓠，水稗。”

《氾胜之书》曰：“种稻，春冻解，耕反其土。种稻，区不欲大，大则水深浅不适。冬至后一百一十日可种稻。稻地美，用种亩四升。

“始种，稻欲温，温者缺其塍，令水道相直；夏至后大热，令水道错。”

崔寔曰：“三月，可种粳稻。稻，美田欲稀，薄田欲稠。五月，可别稻及蓝，尽夏至后二十日止。”

旱稻第十二

旱稻用下田，白土胜黑土。非言下田胜高原，但夏停水者，不得禾、豆、麦，稻田种，虽涝亦收，所谓彼此俱获，不失地利故也。下田种者，用功多；高原种者，与禾同等也。凡下田停水处，燥则坚垎，湿则污泥，难治而易荒，垅埆而杀种——其春耕者，杀种尤甚——故宜五六月暵之，以拟穬麦。麦时水涝，不得纳种者，九月中复一转，至春种稻，万不失一。春耕者十不收五，盖误人耳。

凡种下田，不问秋夏，候水尽，地白背时，速耕，杷、劳频烦令熟。过燥则坚，遇雨则泥，所以宜速耕也。

二月半种稻为上时，三月为中时，四月初及半为下时。

渍种如法，裛令开口。耧耩稚种之，稚种者省种而生科，又胜掷者。即再遍劳。若岁寒早种——虑时晚——即不渍种，恐芽焦也。

其土黑坚强之地，种未生前遇旱者，欲得令牛羊及人履践之；湿则不用一迹入地。稻既生，犹欲令人践垅背。践者茂而多实也。

苗长三寸，杷、劳而锄之。锄唯欲速。稻苗性弱，不能扇草，故宜数锄之。每经一雨，辄欲杷、劳。苗高尺许则锋。天雨无所作，宜冒雨薅之。科大，如概者，五六月中霖雨时，拔而栽之。栽法欲浅，令其根须四散，则滋茂；深而直下者，聚而不科。其苗长者，亦可掠去叶端数寸，勿伤其心也。入七月，不复任栽。七月百草成，时晚故也。

其高田种者，不求极良，唯须废地。过良则苗折，废地则无草。亦秋耕，杷、劳令熟，至春，黄塲纳种。不宜湿下。余法悉与下田同。

胡麻第十三

《汉书》：张骞外国得胡麻。今俗人呼为"乌麻"者，非也。

《广雅》曰："狗虱、胜茄，胡麻也。"

《本草经》曰："胡麻，一名巨胜，一名鸿藏。"

按：今世有白胡麻、八棱胡麻。白者油多，人可以为饭，惟治脱之烦也。

胡麻宜白地种。二、三月为上时，四月上旬为中时，五月上旬为下时。月半前种者，实多而成；月半后种者，少子而多秕也。

种欲截雨脚。若不缘湿，融而不生。一亩用子二升。漫种者，先以耧耩，然后散子，空曳劳。劳上加人，则土厚不生。耧耩者，炒沙令燥，中半和之。不和沙，下不均。垅种若荒，得用锋、耩。

锄不过三遍。

刈束欲小。束大则难燥;打,手复不胜。以五六束为一丛,斜倚之。不尔,则风吹倒,损收也。候口开,乘车诣田斗薮;倒竖,以小杖微打之。还丛之。三日一打。四五遍乃尽耳。若乘湿横积,蒸热速干,虽曰郁裛,无风吹亏损之虑。裛者,不中为种子,然于油无损也。

崔寔曰:"二月、三月、四月、五月,时雨降,可种之。"

种瓜第十四茄子附

《广雅》曰:"土芝,瓜也;其子谓之瓤(力点反)。瓜有龙肝、虎掌、羊骹、兔头、瓞(音温)瓠(大真反)、狸头、白觚、秋无余、缣瓜,瓜属也。"

张孟阳《瓜赋》曰:"羊骹、累错,觚子、庐江。"

《广志》曰:"瓜之所出,以辽东、庐江、敦煌之种为美。有乌瓜、缣瓜、狸头瓜、蜜筩瓜、女臂瓜、羊髓瓜。瓜州大瓜,大如斛,出凉州。䑋须、旧阳城御瓜。有青登瓜,大如三升魁。有桂枝瓜,长二尺余。蜀地温良,瓜至冬熟。有春白瓜,细小,小瓣,宜藏,正月种,三月成;有秋泉瓜,秋种,十月熟,形如羊角,色黄黑。"

《史记》曰:"召平者,故秦东陵侯。秦破,为布衣,家贫,种瓜于长安城东。瓜美,故世谓之'东陵瓜',从召平始。"

《汉书·地理志》曰:"敦煌,古瓜州,地有美瓜。"

王逸《瓜赋》曰:"落疏之文。"

《永嘉记》曰:"永嘉美瓜,八月熟,至十一月,肉青瓤赤,香甜清快,众瓜之胜。"

《广州记》曰:"瓜,冬熟,号为'金钗瓜'。"

《说文》曰:"瓞,小瓜,瓞也。"

陆机《瓜赋》曰:"栝楼、定桃,黄觚、白抟;金钗、蜜筩,小青、大斑;玄骭、素腕,狸首、虎蹯。东陵出于秦谷,桂髓起于巫山也。"

收瓜子法:常岁岁先取"本母子瓜",截去两头,止取中央子。"本母子"者,瓜生数叶,便结子;子复早熟。用中辈瓜子者,蔓长二三尺,然后结子。用后辈子者，蔓长足，然后结子；子亦晚熟。种早子，熟速而瓜小；种晚子，熟迟而瓜大。去两头者：近蒂子，瓜曲而细；近头子，瓜短而喎。凡瓜，落疏、青黑者为美；黄、白及斑，虽大而恶。若种苦瓜子，虽烂熟气香，其味犹苦也。

又收瓜子法：食瓜时，美者收取，即以细糠拌之，日曝向燥，挼而簸之，净而且速也。

良田，小豆底佳，黍底次之。刈讫即耕。频烦转之。

二月上旬种者为上时，三月上旬为中时，四月上旬为下时。五月、六月上旬，可种藏瓜。

凡种法：先以水净淘瓜子，以盐和之。盐和则不笼死。先卧锄耧却燥土，不耧者，坑虽深大，常杂燥土，故瓜不生。然后掊坑，大如斗口。纳瓜子四枚、大豆三个于堆旁向阳中。谚曰："种瓜黄台头。"瓜生数叶，掐去豆。瓜性弱，苗不能独生，故须大豆为之起土。瓜生不去豆，则豆反扇瓜，不得滋茂。但豆断汁出，更成良润；勿拔之，拔之则土虚燥也。

多锄则饶子，不锄则无实。五谷、蔬菜、果蓏之属，皆如此也。

五六月种晚瓜。

治瓜笼法：旦起，露未解，以杖举瓜蔓，散灰于根下，后一两日，复以土培其根，则迴无虫矣。

又种瓜法：依法种之，十亩胜一顷。于良美地中，先种晚禾。晚禾令地腻。熟，劁刈取穗，欲令茇方末反长。秋耕之。耕法：弭缚犁耳，起规逆耕。耳弭则茇头出而不没矣。至春，起复顺耕，亦弭缚犁耳翻之，还令草头出。耕讫，劳之，令甚平。

种稙谷时种之。种法：使行阵整直，两行微相近，两行外相远，中间通步道，道外还两行相近。如是作次第，经四小道，通一车道。凡一顷地中，须开十字大巷，通两乘车，来去运辇。其瓜，都聚在十字巷中。瓜生，比至初花，必须三四遍熟锄，勿令有草生。草生，胁瓜无子。锄法：皆起禾茇，令直竖。其瓜蔓本底，皆令土下四厢高，微雨时，得停水。瓜引蔓，皆沿茇上。茇多则瓜多，茇少则瓜少。茇多则蔓广，蔓广则歧多，歧多则饶子。其瓜会是歧头而生；无歧而花者，皆是浪花，终无瓜矣。故令蔓生在茇上，瓜悬在下。

摘瓜法：在步道上引手而取，勿听浪人踏瓜蔓，及翻覆之。踏则茎破，翻则成细，皆令瓜不茂而蔓早死。若无茇而种瓜者，地虽美好，正得长苗直引，无多盘歧，故瓜少子。若无茇处，竖干柴亦得。凡干柴草，不妨滋茂。凡瓜所以早烂者，皆由脚蹑及摘时不慎，翻动其蔓故也。若以理慎护，及至霜下叶干，子乃尽矣。但依此法，则不必别种早、晚及中三辈之瓜。

区种瓜法：六月雨后种菉豆，八月中犁稚杀之；十月又一转，即十月中种瓜。率两步为一区，坑大如盆口，深五寸。又土壅其畔，如菜畦形。坑底必令平正，以足踏之，令其保泽。以瓜子、大豆各十枚，遍布坑中。瓜子、大豆，两物为双，藉其起土故也。以粪五升覆之。亦令均平。又以土一斗，薄散粪上，复以足微蹑之。冬月大雪时，速并力推雪于坑上为大堆。至春草生，瓜亦生，茎叶肥茂，异于常者。且常有润泽，旱亦无害。五月瓜便熟。其掐豆、锄瓜之法与常同。若瓜子尽生则太概，宜掐去之，一区四根即足矣。

又法：冬天以瓜子数枚，内热牛粪中，冻即拾聚，置之阴地。量地多少，以足为限。正月地释即耕，逐鴫布之。率方一步，下一斗粪，耕土覆之。肥茂早熟，虽不及区种，亦胜凡瓜远矣。凡生粪粪地无势；多于熟粪，令地小荒矣。

有蚁者，以牛羊骨带髓者，置瓜科左右，待蚁附，将弃之。弃二三，则无蚁矣。

氾胜之区种瓜："一亩为二十四科。区方圆三尺，深五寸。一科用一石粪。粪与土合和，令相半。以三斗瓦瓮埋着科中央，令瓮口上与地平。盛水瓮中，令满。种瓜，瓮四面各一子。以瓦盖瓮口。水或减，辄增，常令水满。种常以冬至后九十日、百日，得戊辰日种之。又种薤十根，令周回瓮，居瓜子外。至五月瓜熟，薤可拔卖之，与瓜相避。又可种小豆于瓜中，亩四五升，其藿可卖。此法宜平地。瓜收亩万钱。”

崔寔曰：“种瓜宜用戊辰日。三月三日可种瓜。十二月腊时祀炙萐，树瓜田四角，去蠚。”“胡滥反。瓜虫谓之蠚。”

《龙鱼河图》曰：“瓜有两鼻者杀人。”

种越瓜、胡瓜法：四月中种之。胡瓜宜竖柴木，令引蔓缘之。收越瓜，欲饱霜。霜不饱则烂。收胡瓜，候色黄则摘。若待色赤，则皮存而肉消也。并如凡瓜，于香酱中藏之亦佳。

种冬瓜法：《广志》曰：“冬瓜，蔬秬。”《神仙本草》谓之“地芝”也。傍墙阴地作区，圆二尺，深五寸，以熟粪及土相和。正月晦日种。二月、三月亦得。既生，以柴木倚墙，令其缘上。旱则浇之。八月，断其梢，减其实，一本但留五六枚。多留则不成也。十月，霜足收之。早收则烂。削去皮、子，于芥子酱中，或美豆酱中藏之，佳。

冬瓜、越瓜、瓠子，十月区种，如区种瓜法。冬则推雪着区上为堆。润泽肥好，乃胜春种。

种茄子法：茄子，九月熟时摘取，擘破，水淘子，取沉者，速曝干裹置。至二月畦种。治畦下水，一如葵法。性宜水，常须润泽。着四五叶，雨时，合泥移栽之。若旱无雨，浇水令彻泽，夜栽之。白日以席盖，勿令见日。

十月种者，如区种瓜法，推雪着区中，则不须栽。

其春种，不作畦，直如种凡瓜法者，亦得，唯须晓夜数浇耳。

大小如弹丸，中生食，味似小豆角。

种瓠第十五

《卫诗》曰："匏有苦叶。"毛云："匏，谓之瓠。"《诗义疏》云："匏叶，少时可以为羹，又可淹煮，极美，故云：'瓠叶幡幡，采之亨之'。河东及扬州常食之。八月中，坚强不可食，故云：'苦叶'。"

《广志》曰："有都瓠，子如牛角，长四尺。有约腹瓠，其大数斗，其腹窈挈，缘带为口，出雍县；移种于他则否。朱崖有苦叶瓠，其大者受斛余。"

《郭子》曰："东吴有长柄壶楼。"

《释名》曰："瓠蓄，皮瓠以为脯，蓄积以待冬月用也。"

《淮南万毕术》曰："烧穰杀瓠，物自然也。"

《氾胜之书》种瓠法："以三月耕良田十亩。作区，方、深一尺。以杵筑之，令可居泽。相去一步。区种四实。蚕矢一斗，与土粪合。浇之，水二升；所干处，复浇之。

"着三实，以马箠㱿其心，勿令蔓延——多实，实细。以藁荐其下，无令亲土多疮瘢。度可作瓢，以手摩其实，从蒂至底，去其毛——不复长，且厚。八月微霜下，收取。

"掘地深一丈，荐以藁，四边各厚一尺。以实置孔中，令底向下。瓠一行，覆上土，厚三尺。二十日出，黄色，好，破以为瓢。其中白肤，以养猪致肥；其瓣，以作烛致明。

"一本三实，一区十二实，一亩得二千八百八十实。十亩凡得五万七千六百瓢。瓢直十钱，并直五十七万六千文。用蚕矢二百石，牛耕、功力，直二万六千文。余有五十五万。肥猪、明烛，利在其外。"

《氾胜之书》区种瓠法："收种子须大者。若先受一斗者，得收一石;受一石者,得收十石。

“先掘地作坑,方圆、深各三尺。用蚕沙与土相和,令中半,若无蚕沙,生牛粪亦得。着坑中,足蹑令坚。以水沃之。候水尽,即下瓠子十颗,复以前粪覆之。

“既生,长二尺余,便总聚十茎一处,以布缠之五寸许,复用泥泥之。不过数日,缠处便合为一茎。留强者,余悉掐去。引蔓结子。子外之条,亦掐去之,勿令蔓延。留子法:初生二、三子不佳,去之;取第四、五、六,区留三子即足。

“旱时须浇之:坑畔周匝小渠子,深四五寸,以水停之,令其遥润,不得坑中下水。”

崔寔曰:“正月,可种瓠。六月,可畜瓠。八月,可断瓠,作蓄瓠。瓠中白肤实,以养猪致肥;其瓣则作烛致明。”

《家政法》曰:“二月可种瓜、瓠。”

种芋第十六

《说文》曰:“芋,大叶实根骇人者,故谓之‘芋’。”“齐人呼芋为‘莒’。”

《广雅》曰:“渠,芋;其茎谓之莪。”(公杏反)“藉姑,水芋也,亦曰乌芋。”

《广志》曰:“蜀汉既繁芋,民以为资。凡十四等:有君子芋,大如斗,魁如杵簇。有车毂芋,有锯子芋,有旁巨芋,有青边芋:此四芋多子。有谈善芋,魁大如瓶,少子;叶如散盖,绀色;紫茎,长丈余;易熟,长味,芋之最善者也;茎可为羹臛,肥涩,得饮乃下。有蔓芋,缘枝生,大者次二三升。有鸡子芋,色黄。有百果芋,魁大,子繁多,亩收百斛;种以百亩,以养彘。有早芋,七月熟。有九面芋,大而不美。有象空芋,大而弱,使人易饥。有青芋,有素芋,子皆不可食,茎可为菹。凡此诸芋,皆可干腊,又可藏至夏食之。又百子芋,出叶俞县。有魁芋,旁无子,生永昌县。有大芋,二升,出范阳、新郑。”

《风土记》曰:“博士芋,蔓生,根如鹅鸭卵。”

《氾胜之书》曰:“种芋,区方、深皆三尺。取豆萁内区中,足践之,厚尺五寸。取区上湿土与粪和之,内区中萁上,令厚尺二寸;以水浇之,足践令保泽。取五芋子置四角及中央,足践之。旱,数浇之。萁烂。芋生,子皆长三尺。一区收三石。

“又种芋法:宜择肥缓土近水处,和柔,粪之。二月注雨,可种芋。率二尺下一本。芋生根欲深,斸其旁以缓其土。旱则浇之。有草锄之,不厌数多。治芋如此,其收常倍。”

《列仙传》曰:“酒客为梁,使烝民益种芋:‘三年当大饥。’卒如其言,梁民不死。”按:芋可以救饥馑,度凶年。今中国多不以此为意,后至有耳目所不闻见者,及水、旱、风、虫、霜、雹之灾,便能饿死满道,白骨交横。知而不种,坐致泯灭,悲夫!人君者,安可不督课之哉?

崔寔曰:“正月,可菹芋。”

《家政法》曰:“二月可种芋也。”

齐民要术卷第三

种葵第十七

《广雅》曰："藲，丘葵也。"

《广志》曰："胡葵，其花紫赤。"

《博物志》曰："人食落葵，为狗所啮，作疮则不差，或至死。"

按：今世葵有紫茎、白茎二种；种别复有大小之殊。又有鸭脚葵也。

临种时，必燥曝葵子。葵子虽经岁不浥，然湿种者，疥而不肥也。

地不厌良，故墟弥善；薄即粪之，不宜妄种。

春必畦种水浇。春多风旱，非畦不得。且畦者地省而菜多，一畦供一口。畦长两步，广一步。大则水难均，又不用人足入。深掘，以熟粪对半和土覆其上，令厚一寸，铁齿杷耧之，令熟，足踏使坚平；下水，令彻泽。水尽，下葵子，又以熟粪和土覆其上，令厚一寸余。葵生三叶，然后浇之。浇用晨夕，日中便止。

每一掐，辄杷耧地令起，下水加粪。三掐更种。一岁之中，凡得三辈。凡畦种之物，治畦皆如种葵法，不复条列烦文。

早种者，必秋耕。十月末，地将冻，散子劳之，一亩三升。正月末散子亦得。人足践踏之乃佳。践者菜肥。地释即生。锄不厌数。

五月初，更种之。春者既老，秋叶未生，故种此相接。

六月一日种白茎秋葵。白茎者宜干；紫茎者，干即黑而涩。

秋葵堪食，仍留五月种者取子。春葵子熟不均，故须留中辈。于此时，附地翦却春葵，令根上栐生者，柔软至好，仍供常食，美于秋菜。留之，亦中为榜簇。

掐秋菜，必留五六叶。不掐则茎孤；留叶多则科大。凡掐，必待露解。谚曰："触露不掐葵，日中不剪韭。"八月半剪去，留其歧。歧多者则去地一二寸，独茎者亦可去地四五寸。栐生肥嫩，比至收时，高与人膝等，茎叶皆美，科虽不高，菜实倍多。其不剪早生者，虽高数尺，柯叶坚硬，全不中食；所可用者，唯有菜心；附叶黄涩，至恶，煮亦不美。看虽似多，其实倍少。

收待霜降。伤早黄烂，伤晚黑涩。榜簇皆须阴中。见日亦涩。其碎者，割讫，即地中寻手纠之。待萎而纠者必烂。

又冬种葵法：近州郡都邑有市之处，负郭良田三十亩，九月收菜后即耕，至十月半，令得三遍。每耕即劳，以铁齿杷耧去陈根，使地极熟，令如麻地。于中逐长穿井十口。井必相当，斜角则妨地。地形狭长者，井必作一行；地形正方者，作两三行亦不嫌也。井别作桔槔、辘轳。井深用辘轳，井浅用桔槔。柳罐令受一石。罐小，用则功费。

十月末，地将冻，漫散子，唯概为佳。亩用子六升。散讫，即再劳。有雪，勿令从风飞去，劳雪令地保泽，叶又不虫。每雪辄一劳之。若竟冬无雪，腊月中汲井水普浇，悉令彻泽。有雪则不荒。正月地释，驱羊踏破地皮。不踏即枯涸，皮破即膏润。春暖草生，葵亦俱生。

三月初，叶大如钱，逐概处拔大者卖之。十手拔，乃禁取。儿女子七岁以上，皆得充事也。一升葵，还得一升米。日日常拔，看稀稠得所乃止。有草拔却，不得用锄。一亩得葵三载，合收米九十车。车准二十斛，为米一千八百石。

自四月八日以后，日日剪卖。其剪处，寻以手拌斫斸地令起，水浇，粪覆之。四月亢旱，不浇即不长；有雨即不须。四月以前，虽旱亦不须浇，地实保泽，雪势未尽故也。比及剪遍，初者还复，周而复始，日日无穷。至八月社日止，留作秋菜。九月，指地卖，两亩得绢一匹。

收讫，即急耕，依去年法，胜作十顷谷田。止须一乘车牛专供此园。耕、劳、辇粪、卖菜，终岁不闲。

若粪不可得者，五、六月中概种菉豆，至七月、八月犁掩杀之，如以粪粪田，则良美与粪不殊，又省功力。其井间之田，犁不及者，可作畦，以种诸菜。

崔寔曰："正月，可种瓜、瓠、葵、芥、薤、大小葱、苏。苜蓿及杂蒜，亦可种——此二物皆不如秋。六月，六日可种葵，中伏后可种冬葵。九月，作葵菹，干葵。”

《家政法》曰：“正月种葵。”

蔓菁第十八菘、芦菔附出

《尔雅》曰：“蘋，葑苁。”注：“江东呼为芜菁，或为菘，菘、蘋音相近，蘋则芜菁。”

《字林》曰：“芼，芜菁苗也，乃齐鲁云。”

《广志》云：“芜菁，有紫花者，白花者。”

种不求多，唯须良地，故墟新粪坏墙垣乃佳。若无故墟粪者，以灰为粪，令厚一寸；灰多则燥不生也。耕地欲熟。

七月初种之。一亩用子三升。从处暑至八月白露节皆得。早者作菹，晚者作干。漫散而劳。种不用湿。湿则地坚叶焦。既生不锄。

九月末收叶，晚收则黄落。仍留根取子。十月中，犁粗畤，拾取耕出者。若不耕畤，则留者英不茂，实不繁也。

其叶作菹者，料理如常法。拟作干菜及釀人丈反菹者，釀菹者，后年正月始作耳，须留第一好菜拟之。其菹法列后条。割讫则寻手择治而辫之，勿待萎，萎而后辫则烂。挂着屋下阴中风凉处，勿令烟熏。烟熏则苦。燥则上在厨积置以苫之。积时宜候天阴润，不尔，多碎折。久不积苫则涩也。

春夏畦种供食者，与畦葵法同。剪讫更种，从春至秋得三辈，常供好菹。

取根者，用大小麦底。六月中种。十月将冻，耕出之。一亩得数车。早出者根细。

又多种芜菁法：近市良田一顷，七月初种之。六月种者，根虽粗大，叶复虫食；七月末种者，叶虽膏润，根复细小；七月初种，根叶俱得。拟卖者，纯种九英。九英叶根粗大，虽堪举卖，气味不美。欲自食者，须种细根。

一顷取叶三十载。正月、二月,卖作蘸菹,三载得一奴。收根依畤法,一顷收二百载。二十载得一婢。细剉和茎饲牛羊,全掷乞猪,并得充肥,亚于大豆耳。一顷收子二百石,输与压油家,三量成米,此为收粟米六百石,亦胜谷四十顷。

是故汉桓帝诏曰:"横水为灾,五谷不登,令所伤郡国,皆种芜菁,以助民食。"然此可以度凶年,救饥馑。干而蒸食,既甜且美,自可藉口,何必饥馑?若值凶年,一顷乃活百人耳。

蒸干芜菁根法:作汤净洗芜菁根,漉着一斛瓮子中,以苇荻塞瓮里以蔽口,合着釜上,系甑带;以干牛粪燃火,竟夜蒸之。粗细均熟,谨谨着牙,真类鹿尾。蒸而卖之,则收米十石也。

种菘、芦菔蒲北反法,与芜菁同。菘菜似芜菁,无毛而大。《方言》曰:"芜菁,紫花者谓之芦菔。"按:芦菔,根实粗大,其角及根叶,并可生食,非芜菁也。谚曰:"生噉芜菁无人情。"取子者,以草覆之,不覆则冻死。秋中卖银,十亩得钱一万。

《广志》曰:"芦菔,一名雹突。"

崔寔曰:"四月,收芜菁及芥、葶苈、冬葵子。六月中伏后,七月可种芜菁,至十月可收也。"

种蒜第十九泽蒜附出

《说文》曰:"蒜,荤菜也。"

《广志》曰:"蒜有胡蒜、小蒜。黄蒜,长苗无科,出哀牢。"

王逸曰:"张骞周流绝域,始得大蒜、葡萄、苜蓿。"

《博物志》曰:"张骞使西域,得大蒜、胡荽。"

延笃曰:"张骞大宛之蒜。"

潘尼曰:“西域之蒜。”

朝歌大蒜甚辛。一名葫,南人尚有“齐葫”之言。又有胡蒜、泽蒜也。

蒜宜良软地。白软地,蒜甜美而科大;黑软次之。刚强之地,辛辣而瘦小也。三遍熟耕。九月初种。

种法:黄墒时,以耧耩,逐垅手下之。五寸一株。谚曰:“左右通锄,一万余株。”空曳劳。

二月半锄之,令满三遍。勿以无草则不锄,不锄则科小。

条拳而轧之。不轧则独科。

叶黄,锋出,则辫,于屋下风凉之处桁之。早出者,皮赤科坚,可以远行;晚则皮皴而喜碎。

冬寒,取谷稈奴勒反布地,一行蒜,一行稈。不尔则冻死。

收条中子种者,一年为独瓣;种二年者,则成大蒜,科皆如拳,又逾于凡蒜矣。瓦子垅底,置独瓣蒜于瓦上,以土覆之,蒜科横阔而大,形容殊别,亦足以为异。

今并州无大蒜,朝歌取种,一岁之后,还成百子蒜矣,其瓣粗细,正与条中子同。芜菁根,其大如椀口,虽种他州子,一年亦变大。蒜瓣变小,芜菁根变大,二事相反,其理难推。又八月中方得熟,九月中始刈得花子。至于五谷、蔬、果,与余州早晚不殊,亦一异也。并州豌豆,度井陉以东,山东谷子,入壶关、上党,苗而无实。皆余目所亲见,非信传疑:盖土地之异者也。

种泽蒜法:预耕地,熟时采取子,漫散劳之。

泽蒜可以香食,吴人调鼎,率多用此;根、叶解菹,更胜葱韭。

此物繁息,一种永生,蔓延滋漫,年年稍广。间区斸取,随手还合。但种数亩,用之无穷。种者地熟,美于野生。

崔寔曰:“布谷鸣,收小蒜。六月、七月,可种小蒜。八月,可种大蒜。”

种薤第二十

《尔雅》曰:“薤,鸿荟。”注曰:“薤菜也。”

薤宜白软良地,三转乃佳。

二月、三月种。八月、九月种亦得。秋种者,春末生。率七八支为一本。谚曰:“葱三薤四。”移葱者,三支为一本;种薤者,四支为一科。然支多者,科圆大,故以七八为率。

薤子,三月叶青便出之,未青而出者,肉未满,令薤瘦。燥曝,挼去莩余,切却强根。留强根而湿者,即瘦细不得肥也。先重耧耩地,垅燥,掊而种之。垅燥则薤肥,耧重则白长。率一尺一本。

叶生即锄,锄不厌数。薤性多秽,荒则羸恶。五月锋,八月初耩。不耩则白短。

叶不用剪。剪则损白。供常食者,别种。九月、十月出,卖。经久不任也。

拟种子,至春地释,出,即曝之。

崔寔曰:“正月,可种薤、韭、芥。七月,别种薤矣。”

种葱第二十一

《尔雅》曰:“茖,山葱。”注曰:“茖葱,细茎大叶。”

《广雅》曰:“藿、蒃、蕵,葱也;其蓊谓之薹。”

《广志》曰:“葱有冬春二葱。有胡葱、木葱、山葱。”

《晋令》曰:“有紫葱。”

收葱子,必薄布阴干,勿令浥郁。此葱性热,多喜浥郁;浥郁则不生。

其拟种之地,必须春种绿豆,五月掩杀之。比至七月,耕数遍。

一亩用子四五升。良田五升,薄地四升。炒谷拌和之,葱子性涩,不以谷和，下不均调；不炒谷，则草秽生。两耧重耩，窍瓠下之，以批蒲结反契苏结反继腰曳之。七月纳种。

至四月始锄。锄遍乃剪。剪与地平。高留则无叶，深剪则伤根。剪欲旦起，避热时。良地三剪，薄地再剪，八月止。不剪则不茂，剪过则根跳。若八月不止，则葱无袍而损白。

十二月尽，扫去枯叶枯袍。不去枯叶，春叶则不茂。二月、三月出之。良地二月出，薄地三月出。收子者，别留之。

葱中亦种胡荽，寻手供食；乃至孟冬为菹，亦不妨。

崔寔曰："三月，别小葱。六月，别大葱。七月，可种大小葱。""夏葱曰小，冬葱曰大。"

种韭第二十二

《广志》曰："白弱韭，长一尺，出蜀汉。"

王彪之《关中赋》曰："蒲、韭冬藏"也。

收韭子，如葱子法。若市上买韭子，宜试之：以铜铛盛水，于火上微煮韭子，须臾芽生者好；芽不生者，是裛郁矣。

治畦，下水，粪覆，悉与葵同。然畦欲极深。韭，一剪一加粪，又根性上跳，故须深也。

二月、七月种。种法：以升盏合地为处，布子于围内。韭性内生，不向外长，围种令科成。

薅令常净。韭性多秽，数拔为良。

高数寸剪之。初种，岁止一剪。至正月，扫去畦中陈叶。冻解，以铁杷耧起，下水，加熟粪。韭高三寸便剪之。剪如葱法。一岁之中，不过五剪。每剪，杷耧、下水、加粪，悉如初。收子者，一剪即留之。

若旱种者，但无畦与水耳，杷、粪悉同。一种永生。谚曰："韭者懒人菜。"以其不须岁种也。《声类》曰："韭者，久长也，一种永生。"

崔寔曰："正月上辛日，扫除韭畦中枯叶。七月，藏韭菁。""菁，韭花也。"

种蜀芥、芸薹、芥子第二十三

《吴氏本草》云："芥葅，一名水苏，一名劳祖。"

蜀芥、芸薹取叶者，皆七月半种。地欲粪熟。蜀芥一亩，用子一升；芸薹一亩，用子四升。种法与芜菁同。既生，亦不锄之。

十月收芜菁讫时，收蜀芥。中为咸淡二菹，亦任为干菜。芸薹，足霜乃收。不足霜即涩。

种芥子，及蜀芥、芸薹收子者，皆二三月好雨泽时种。三物性不耐寒，经冬则死，故须春种。旱则畦种水浇。

五月熟而收子。芸薹冬天草覆，亦得取子；又得生茹供食。

崔寔曰："六月，大暑中伏后，可收芥子。七月、八月，可种芥。"

种胡荽第二十四

胡荽宜黑软、青沙良地，三遍熟耕。树阴下得，禾豆处亦得。

春种者，用秋耕地。开春冻解地起有润泽时，急接泽种之。

种法：近市负郭田，一亩用子二升，故概种，渐锄取，卖供生菜也。外舍无市之处，一亩用子一升，疏密正好。六七月种，一亩用子一升。先燥晒，欲种时，布子于坚地，一升子与一掬湿土和之，以脚蹉令破作两段。多种者，以砖瓦蹉之亦得，以木砻砻之亦得。子有两人，人各着，故不破两段，则疏密水裛而不生。着土者，令土入壳中，则生疾而长速。种时欲燥，此菜非雨不生，所以不求湿下也。于旦暮润时，以耧耩作垅，以手散子，即劳令平。春雨难期，必须藉泽，蹉跎失机，则不得矣。地正月中冻解者，时节既早，虽浸，芽不生，但燥种之，不须浸子。地若二月始解者，岁月稍晚，恐泽少，不时生，失岁计矣；便于暖处笼盛胡荽子，一日三度以水沃之，二三日则芽生，于旦暮时接润漫掷之，数日悉出矣。大体与种麻法相似。假令十日、二十日未出者，亦勿怪之，寻自当出。有草，乃令拔之。

菜生三二寸，锄去穊者，供食及卖。

十月足霜，乃收之。

取子者，仍留根，间古苋反拔令稀，穊即不生。以草覆上。覆者得供生食，又不冻死。

又五月子熟，拔取曝干，勿使令湿，湿则裛郁。格柯打出，作蒿箪盛之。冬日亦得入窖，夏还出之。但不湿，亦得五六年停。

一亩收十石，都邑粜卖，石堪一匹绢。

若地柔良，不须重加耕垦者，于子熟时，好子稍有零落者，然后拔取，直深细锄地一遍，劳令平，六月连雨时，穭音吕生者亦寻满地，省耕种之劳。

秋种者，五月子熟，拔去，急耕，十余日又一转，入六月又一转，令好调熟，调熟如麻地。即于六月中旱时，耧耩作垅，蹉子令破，手散，还劳令平，一同春法。但既是旱种，不须耧润。此菜旱种，非连雨不生，所以不同春月要求湿下。种后，未遇连雨，虽一月不生，亦勿怪。麦底地亦得种，止须急耕调熟。虽名秋种，会在六月。六月中无不霖，遇连雨生，则根强科大。七月种者，雨多亦得；雨少则生不尽，但根细科小，不同六月种者，便十倍失矣。大都不用触地湿入中。

生高数寸，锄去穊者，供食及卖。

作菹者，十月足霜乃收之。一亩两载，载直绢三匹。若留冬中食者，以草覆之，尚得竟冬中食。

其春种小小供食者，自可畦种。畦种者，一如葵法。

若种者，挼生子，令中破，笼盛，一日再度以水沃之，令芽生，然后种之。再宿即生矣。昼用箔盖，夜则去之。昼不盖，热不生；夜不去，虫耧之。

凡种菜，子难生者，皆水沃令芽生，无不即生矣。

作胡荽菹法：汤中渫出之，着大瓮中，以暖盐水经宿浸之。明日，汲水净洗，出别器中，以盐、酢浸之，香美不苦。亦可洗讫，作粥清、麦麲末，如蘸、芥菹法，亦有一种味。作裹菹者，亦须渫去苦汁，然后乃用之矣。

种兰香第二十五

兰香者，罗勒也；中国为石勒讳，故改，今人因以名焉。且兰香之目，美于罗勒之名，故即而用之。

韦弘《赋叙》曰："罗勒者，生昆仑之丘，出西蛮之俗。"

按：今世大叶而肥者，名朝兰香也。

三月中，候枣叶始生，乃种兰香。早种者，徒费子耳，天寒不生。治畦下水，一同葵法。及水散子讫；水尽，簁熟粪，仅得盖子便止。厚则不生，弱苗故也。昼日箔盖，夜即去之。昼日不用见日，夜须受露气。生即去箔。常令足水。

六月连雨，拔栽之。掐心着泥中，亦活。

作菹及干者，九月收。晚即干恶。

作干者：大晴时，薄地刈取，布地曝之。干乃挼取末，瓮中盛。须则取用。拔根悬者，裛烂，又有雀粪、尘土之患也。

取子者，十月收。

自余杂香菜不列者，种法悉与此同。

《博物志》曰：“烧马蹄、羊角成灰，春散着湿地，罗勒乃生。”

荏、蓼第二十六

紫苏、姜芥、薰葇，与荏同时，宜畦种。

《尔雅》曰：“蔷，虞蓼。”注云：“虞蓼，泽蓼也。”“苏，桂荏。”“苏，荏类，故名桂荏也。”

《本草》曰：“芥葙（音租），一名水苏。”

《吴氏》曰：“假苏，一名鼠蓂，一名姜芥。”

《方言》曰：“苏之小者谓之穰葇。”注曰：“薰葇也。”

三月可种荏、蓼。荏，子白者良，黄者不美。荏，性甚易生。蓼，尤宜水畦种也。荏则随宜，园畔漫掷，便岁岁自生矣。

荏子秋未成，可收蓬于酱中藏之。蓬，荏角也；实成则恶。

其多种者，如种谷法。雀甚嗜之，必须近人家种矣。

收子压取油，可以煮饼。荏油色绿可爱，其气香美，煮饼亚胡麻油，而胜麻子脂膏。麻子脂膏，并有腥气。然荏油不可为泽，焦人发。研为羹臛，美于麻子远矣。又可以为烛。良地十石，多种博谷则倍收，与诸田不同。为帛煎油弥佳。荏油性淳，涂帛胜麻油。

蓼作菹者，长二寸则剪，绢袋盛，沉于酱瓮中。又长，更剪，常得嫩者。若待秋，子成而落，茎既坚硬，叶又枯燥也。

取子者，候实成，速收之。性易凋零，晚则落尽。

五月、六月中，蓼可为齑以食苋。

崔寔曰：“正月，可种蓼。”

《家政法》曰:"三月可种蓼。"

种姜第二十七

《字林》曰:"姜,御湿之菜。""茈(音紫),生姜也。"

潘尼曰:"南夷之姜。"

姜宜白沙地,少与粪和。熟耕如麻地,不厌熟,纵横七遍尤善。

三月种之。先重耧耩,寻垅下姜,一尺一科,令上土厚三寸。

数锄之。六月作苇屋覆之。不耐寒热故也。

九月掘出,置屋中。中国多寒,宜作窖,以谷稈合埋之。

中国土不宜姜,仅可存活,势不滋息。种者,聊拟药物小小耳。

崔寔曰:"三月,清明节后十日,封生姜。至四月立夏后,蚕大食,芽生,可种之。九月,藏茈姜、蘘荷。其岁若温,皆待十月。""生姜,谓之茈姜。"

《博物志》曰:"妊娠不可食姜,令子盈指。"

种蘘荷、芹、藘第二十八堇、胡葸附出

《说文》曰:"蘘荷,一名菖葙。"

《搜神记》曰:"蘘荷,或谓嘉草。"

《尔雅》曰:"芹,楚葵也。"

《本草》曰:"水蘄,一名水英。"

"藘,菜,似蒯。"

《诗义疏》曰:"藘,苦菜,青州谓之芑。"

蘘荷宜在树阴下,二月种之。一种永生,亦不须锄。微须加粪,以土覆其上。

八月初，踏其苗令死。不踏则根不滋润。

九月中，取旁生根为菹；亦可酱中藏之。

十月中，以谷麦糠覆之。不覆则冻死。二月，扫去之。

《食经》藏蘘荷法："蘘荷一石，洗，渍。以苦酒六斗，盛铜盆中，着火上，使小沸。以蘘荷稍稍投之，小萎便出，著席上令冷。下苦酒三斗，以三升盐着中。干梅三升，使蘘荷一行。以盐酢浇上，绵覆罂口。二十日便可食矣。"

《葛洪方》曰："人得蛊，欲知姓名者，取蘘荷叶着病人卧席下，立呼蛊主名也。"

芹、藘，并收根畦种之。常令足水。尤忌潘泔及咸水。浇之即死。性并易繁茂，而甜脆胜野生者。

白藘，尤宜粪，岁常可收。

马芹子，可以调蒜齑。

堇及胡葸，子熟时收子。收又，冬初畦种之。开春早得，美于野生。惟概为良，尤宜熟粪。

种苜蓿第二十九

《汉书·西域传》曰，罽宾有苜蓿。大宛马，武帝时得其马。汉使采苜蓿种归，天子益种离宫别馆旁。

陆机《与弟书》曰："张骞使外国十八年，得苜蓿归。"

《西京杂记》曰："乐游苑自生玫瑰树，下多苜蓿。苜蓿，一名'怀风'，时人或谓'光风'；光风在其间，常肃然自照其花，有光彩，故名苜蓿'怀风'。茂陵人谓之'连枝草'。"

地宜良熟。七月种之。畦种水浇，一如韭法。亦一剪一上粪，铁杷耧土令起，然后下水。

旱种者，重耧耩地，使垅深阔，窍瓠下子，批契曳之。

每至正月，烧去枯叶。地液辄耕垅，以铁齿䥫楱䥫楱之，更以鲁斫斸其科土，则滋茂矣。不尔，瘦矣。

一年三刈。留子者，一刈则止。

春初既中生啖，为羹甚香。长宜饲马，马尤嗜。

此物长生，种者一劳永逸。都邑负郭，所宜种之。

崔寔曰："七月、八月，可种苜蓿。"

杂说第三十

崔寔《四民月令》曰："正旦，各上椒酒于其家长，称觞举寿，欣欣如也。上除若十五日，合诸膏、小草续命丸、散、法药。农事未起，命成童以上，入太学，学'五经'。"谓十五以上至二十也。"砚冰释，命幼童入小学，学篇章。"谓九岁以上，十四以下。篇章谓六甲、九九、《急就》、《三仓》之属。"命女工趋织布，典馈酿春酒。"

染潢及治书法：凡打纸欲生，生则坚厚，特宜入潢。凡潢纸灭白便是，不宜太深，深则年久色阇也。人浸蘗熟，即弃滓，直用纯汁，费而无益。蘗熟后，漉滓捣而煮之，布囊压讫，复捣煮之，凡三捣三煮，添和纯汁者，其省四倍，又弥明净。写书，经夏然后入潢，缝不绽解。其新写者，须以熨斗缝缝熨而潢之；不尔，入则零落矣。豆黄特不宜裛，裛则全不入黄矣。

凡开卷读书，卷头首纸，不宜急卷；急则破折，折则裂。以书带上下络首纸者，无不裂坏；卷一两张后，乃以书带上下络之者，稳而不坏。卷书勿用鬲带而引之，非直带湿损卷，又损首纸令穴；当衔竹引之。书带勿太急，急则令书腰折。骑蓦书上过者，亦令书腰折。

书有毁裂，劚方纸而补者，率皆挛拳，瘢疮硬厚。瘢痕于书有损。裂薄纸如薤叶以补织。微相入，殆无际会，自非向明举而看之，略不觉补。裂若屈曲者，还须于正纸上，逐屈曲形势裂取而补之。若不先正元理，随宜裂斜纸者，则令书拳缩。

凡点书、记事，多用绯缝，缯体硬强，费人齿力，俞污染书，又多零落。若用红纸者，非直明净无染，又纸性相亲，久而不落。

雌黄治书法：先于青硬石上，水磨雌黄令熟；曝干，更于瓷碗中研令极熟；曝干，又于瓷碗中研令极熟。乃融好胶清，和于铁杵臼中，熟捣。丸如墨丸，阴干。以水研而治书，永不剥落。若于碗中和用之者，胶清虽多，久亦剥落。凡雌黄治书，待潢讫治者佳；先治入潢则动。

书厨中欲得安麝香、木瓜，令蠹虫不生。五月湿热，蠹虫将生，书经夏不舒展者，必生虫也。五月十五日以后，七月二十日以前，必须三度舒而展之。须要晴时，于大屋下风凉处不见日处。日曝书，令书色暍。热卷，生虫弥速。阴雨润气，尤须避之。慎书如此，则数百年矣。

"二月。顺阳习射，以备不虞。春分中，雷且发声，先后各五日，寝别内外。"有不戒者，生子不备。"蚕事未起，命缝人浣冬衣，彻复为袷。其有赢帛，遂供秋服。凡浣故帛，用灰汁则色黄而且脆。捣小豆为末，下绢簁，投汤中以洗之，洁白而柔韧，胜皂荚矣。可粜粟、黍、大小豆、麻、麦子等。收薪炭。"炭聚之下碎末，勿令弃之。捣，簁，煮淅米泔溲之，更捣令熟。丸如鸡子，曝干。以供笼炉种火之用，辄得通宵达曙，坚实耐久，逾炭十倍。

漱素钩反生衣绢法：以水浸绢令没，一日数度回转之。六七日，水微臭，然后拍出，柔韧洁白，大胜用灰。

上犊车篷軬，及糊屏风、书袟令不生虫法：水浸石灰，经一宿，挹取汁，以和豆粘及作面糊，则无虫。若粘纸写书，入潢则黑矣。

作假蜡烛法：蒲熟时，多收蒲薹。削肥松，大如指，以为心。烂布缠之。融羊牛脂，灌于蒲薹中，宛转于板上，挼令圆平。更灌，更展，粗细足，便止。融蜡灌之。足得供事。其省功十倍也。

“三月。三日及上除，采艾及柳絮。“絮，止疮痛。”是月也，冬谷或尽，椹麦未熟，乃顺阳布德，振赡穷乏，务施九族，自亲者始。无或蕴财，忍人之穷；无或利名，罄家继富：度入为出，处厥中焉。蚕农尚闲，可利沟渎，葺治墙屋；修门户，警设守备，以御春饥草窃之寇。是月尽夏至，暖气将盛，日烈暵燥，利用漆油，作诸日煎药。可粜黍。买布。

“四月。茧既入簇，趋缲，剖绵；具机杼，敬经络。草茂，可烧灰。是月也，可作枣糒，以御宾客。可籴穬及大麦。收弊絮。

“五月。芒种节后，阳气始亏，阴慝将萌；暖气始盛，蛊蠹并兴。乃弛角弓弩，解其徽弦；张竹木弓弩，弛其弦。以灰藏旃、裘、毛毳之物及箭羽。以竿挂油衣，勿辟藏。“暑湿相着也。”是月五日，合止痢黄连丸、霍乱丸。采葸耳。取蟾蜍“以合血疽疮药。”及东行蝼蛄。“蝼蛄，有刺；治去刺，疗产妇难生，衣不出。”霖雨将降，储米谷、薪炭，以备道路陷滞不通。是月也，阴阳争，血气散。夏至先后各十五日，薄滋味，勿多食肥醲；距立秋，无食煮饼及水引饼。“夏月食水时，此二饼得水，即坚强难消，不幸便为宿食伤寒病矣。试以此二饼置水中即见验。唯酒引饼，入水即烂矣。”可粜大小豆、胡麻。籴穬、大小麦。收弊絮及布帛。至后籴麫䴵，曝干，置罂中，密封，“使不虫生。”至冬可养马。

“六月。命女工织缣缚。“绢及纱縠之属。”可烧灰，染青、绀杂色。

“七月。四日，命治曲室，具箔槌，取净艾。六日，馔治五谷、磨具。七日，遂作曲；及曝经书与衣裳；作干糗；采葸耳。处暑中，向秋节，浣故制新，作袷薄，以备始凉。粜大小豆。籴麦。收缣练。

“八月。暑退，命幼童入小学，如正月焉。凉风戒寒，趣练缣帛，染彩色。

河东染御黄法：碓捣地黄根令熟，灰汁和之，搅令匀，搦取汁，别器盛。更捣滓，使极熟，又以灰汁和之，如薄粥；泻入不渝釜中，煮生绢。数回转使匀，举看有盛水袋子，便是绢熟。抒出，着盆中，寻绎舒张。少时，捩出，净振去滓。晒极干。以别绢滤白淳汁，和热抒出，更就盆染之，急舒展令匀。汁冷，捩出，曝干，则成矣。治釜不渝法，在《醴酪》条中。大率三升地黄，染得一匹御黄。地黄多则好。柞柴、桑薪、蒿灰等物，皆得用之。

“擘绵治絮，制新浣故；及韦履贱好，预买以备冬寒。刈萑、苇、刍茭。凉燥，可上角弓弩，缮理檠正，縛徽絃，遂以习射。弛竹木弓弧。粜种麦。籴黍。

“九月。治场圃，涂囷仓，脩箪、窖。缮五兵，习战射，以备寒冻穷厄之寇。存问九族孤、寡、老、病不能自存者，分厚彻重，以救其寒。

“十月。培筑垣墙，塞向墐户。“北出牖谓之向。”上辛，命典馈渍曲，酿冬酒。作脯腊。农事毕，命成童入太学，如正月焉。五谷既登，家储蓄积，乃顺时令，勑丧纪，同宗有贫窭久丧不堪葬者，则纠合宗人，共兴举之；以亲疏贫富为差，正心平敛，无相逾越；先自竭，以率不随。先冰冻，作凉饧，煮暴饴。可析麻，缉绩布缕。作白履、不借。“草履之贱者曰‘不借’。”卖缣帛、弊絮。籴粟、豆、麻子。

“十一月。阴阳争，血气散。冬至日先后各五日，寝别内外。砚冰冻，命幼童读《孝经》、《论语》、篇章小学。可酿醢。籴秔稻、粟、豆、麻子。

“十二月。请召宗族、婚姻、宾、旅，讲好和礼，以笃恩纪。休农息役，惠必下浃。遂合耦田器，养耕牛，选任田者，以俟农事之起。去猪盍车骨，“后三岁可合疮膏药。”及腊日祀炙箑，箑，一作簇。“烧饮，治刺入肉中及树瓜田中四角，去蟲虫。”东门磔白鸡头。“可以合法药。””

《范子计然》曰：“五谷者，万民之命，国之重宝。故无道之君，及无道之民，不能积其盛有余之时，以待其衰不足也。”

《孟子》曰：“狗彘食人之食，而不知检，涂有饿殍而不知发。“言丰年人君养犬豕，使食人食，不知法度检敛；凶岁，道路之旁，人有饿死者，不知发仓廪以赈之。”原孟子之意，盖“常平仓”之滥觞也。人死，则曰：‘非我也，岁也。’是何异于刺人而杀之，曰：‘非我也，兵也。’”“人死，谓饿、役死者，王政使然，而曰：‘非我杀之，岁不熟杀人。’何异于用兵杀人，而曰：‘非我杀也，兵自杀之。’”

凡籴五谷、菜子，皆须初熟日籴，将种时粜，收利必倍。凡冬籴豆谷，至夏秋初雨潦之时粜之，价亦倍矣。盖自然之数。

鲁秋胡曰：“力田不如逢年。”丰年尤宜多籴。

《史记·货殖传》曰：“宣曲任氏为督道仓吏。秦之败，豪杰皆争取金玉，任氏独窖仓粟。楚汉相拒荥阳，民不得耕，米石至数万，而豪杰金玉，尽归任氏。任氏以此起富。”其效也。且风、虫、水、旱，饥馑荐臻，十年之内，俭居四五，安可不预备凶灾也？

《师旷占》五谷贵贱法：“常以十月朔日，占春粜贵贱：风从东来，春贱；逆此者，贵。以四月朔占秋粜：风从南来、西来者，秋皆贱；逆此者，贵。以正月朔占夏粜：风从南来、东来者，皆贱；逆此者，贵。”

《师旷占》五谷曰：“正月甲戌日，大风东来折树者，稻熟。甲寅日，大风西北来者，贵。庚寅日，风从西、北来者，皆贵。二月甲戌日，风从南来者，稻熟。乙卯日，稻上场，不雨晴明，不熟。四月四日雨，稻熟；日月珥，天下喜。十五日、十六日雨，晚稻善；日月蚀。”

《师旷占》五谷早晚曰：“粟米常以九月为本；若贵贱不时，以最贱所之月为本。粟以秋得本，贵在来夏；以冬得本，贵在来秋。此收谷远近之期也，早晚以其时差之。粟米春夏贵去年秋冬什七，到夏复贵秋冬什九者，是阳道之极也，急粜之勿留，留则太贱也。”

“黄帝问师旷曰：‘欲知牛马贵贱？’‘秋葵下有小葵生，牛贵；大葵不虫，牛马贱。’”

《越绝书》曰：“越王问范子曰：‘今寡人欲保谷，为之奈何？’范子曰：‘欲保谷，必观于野，视诸侯所多少为备。’越王曰：‘所少可得为困，其贵贱亦有应乎？’范子曰：‘夫知谷贵贱之法，必察天之三表，即决矣。’越王曰：‘请问三表。’范子曰：‘水之势胜金，阴气蓄积大盛，水据金而死，故金中有水。如此者，岁大败，八谷皆贵。金之势胜木，阳气蓄积大盛，金据木而死，故木中有火。如此者，岁大美，八谷皆贱。金木水火更相胜，此天之三表也，不可不察。能知三表，可以为邦宝。’……越王又问曰：‘寡人已闻阴阳之事，谷之贵贱，可得闻乎？’答曰：‘阳主贵，阴主贱。故当寒不寒，谷暴贵；当温不温，谷暴贱。……’王曰：‘善！’书帛致于枕中，以为国宝。”

“范子曰：‘……尧、舜、禹、汤，皆有预见之明，虽有凶年，而民不穷。’王曰：‘善！’以丹书帛，致之枕中，以为国宝。”

《盐铁论》曰：“桃李实多者，来年为之穰。”

《物理论》曰：“正月望夜占阴阳，阳长即旱，阴长即水。立表以测其长短，审其水旱，表长丈二尺：月影长二尺者以下，大旱；二尺五寸至三尺，小旱；三尺五寸至四尺，调适，高下皆熟；四尺五寸至五尺，小水；五尺五寸至六尺，大水。月影所极，则正面也；立表中正，乃得其定。”

又曰：“正月朔旦，四面有黄气，其岁大丰。此黄帝用事，土气黄均，四方并熟。有青气杂黄，有螟虫。赤气，大旱。黑气，大水。正朝占岁星，上有青气，宜桑；赤气，宜豆；黄气，宜稻。”

《史记·天官书》曰：“正月旦，决八风：风从南方来，大旱；西南，小旱；西方，有兵；西北，戎菽为，“戎菽，胡豆也。为，成也。”趣兵；北方，为中岁；东北，为上岁；东方，大水；东南，民有疾疫，岁恶。……正月上甲，风从东方来，宜蚕；从西方，若旦黄云，恶。”

《师旷占》曰：“黄帝问曰：‘吾欲占〔岁〕苦乐善恶，可知否？’对曰：‘岁欲甘，甘草先生；“荠。”岁欲苦，苦草先生；“葶苈。”岁欲雨，雨草先生；“藕。”岁欲旱，旱草先生；“蒺藜。”岁欲流，流草先生；“蓬。”岁欲病，病草先生。“艾。”’”

齐民要术卷第四

园篱第三十一

凡作园篱法，于墙基之所，方整深耕。凡耕，作三垄，中间相去各二尺。

秋上酸枣熟时，收，于垄中概种之。至明年秋，生高三尺许，间斸去恶者，相去一尺留一根，必须稀概均调，行伍条直相当。至明年春，剶劏传切去横枝；剶必留距。若不留距，侵皮痕大，逢寒即死。剶讫，即编为巴篱，随宜夹縛，务使舒缓。急则不复得长故也。又至明年春，更剶其末，又复编之，高七尺便足。欲高作者，亦任人意。

非直奸人惭笑而返，狐狼亦自息望而回。行人见者，莫不嗟叹，不觉白日西移，遂忘前途尚远，盘桓瞻瞩，久而不能去。"枳棘之篱"，"折柳樊圃"，斯其义也。

其种柳作之者，一尺一树，初即斜插，插时即编。其种榆荚者，一同酸枣。如其栽榆与柳，斜直高共人等，然后编之。

数年之后，共相蹙迫，交柯错叶，特似房笼。既图龙蛇之形，复写鸟兽之状，缘势嵚崎，其貌非一。若值巧人，随便采用，则无事不成；尤宜作机。其盘纾茀郁，奇文互起，萦布锦绣，万变不穷。

栽树第三十二

凡栽一切树木，欲记其阴阳，不令转易。阴阳易位则难生。小小栽者，不烦记也。

大树髡之，不髡，风摇则死。小则不髡。

先为深坑，内树讫，以水沃之，着土令如薄泥，东西南北摇之良久，摇则泥入根间，无不活者；不摇，根虚多死。其小树，则不烦尔。然后下土坚筑。近上三寸不筑，取其柔润也。时时溉灌，常令润泽。每浇水尽，即以燥土覆之，覆则保泽，不然则干涸。埋之欲深，勿令挠动。

凡栽树讫，皆不用手捉，及六畜触突。《战国策》曰："夫柳，纵横颠倒树之皆生。使千人树之,一人摇之,则无生柳矣。"

凡栽树,正月为上时,谚曰:"正月可栽大树。"言得时则易生也。二月为中时,三月为下时。然枣——鸡口,槐——兔目,桑——虾蟆眼,榆——负瘤散,自余杂木,鼠耳、虻翅,各其时。此等名目,皆是叶生形容之所象似,以此时栽种者,叶皆即生。早栽者,叶晚出。虽然,大率宁早为佳,不可晚也。

树,大率种数既多,不可一一备举,凡不见者,栽莳之法,皆求之此条。

《淮南子》曰:"夫移树者,失其阴阳之性,则莫不枯槁。"高诱曰:"失,犹易。"

《文子》曰:"冬冰可折,夏木可结,时难得而易失。木方盛,终日采之而复生;秋风下霜,一夕而零。""非时者,功难立。"

崔寔曰:"正月,自朔暨晦,可移诸树:竹、漆、桐、梓、松、柏、杂木。唯有果实者,及望而止;"望谓十五日。"过十五日,则果少实。"

《食经》曰:"种名果法:三月上旬,斫取好直枝,如大母指,长五尺,内着芋魁中种之。无芋,大芜菁根亦可用。胜种核;核三四年乃如此大耳。可得行种。"

凡五果,花盛时遭霜,则无子。常预于园中,往往贮恶草生粪。天雨新晴,北风寒切,是夜必霜,此时放火作煴,少得烟气,则免于霜矣。

崔寔曰:"正月尽二月,可剶树枝。二月尽三月,可掩树枝。""埋树枝土中,令生,二岁已上,可移种矣。"

种枣第三十三诸法附出

《尔雅》曰:"壶枣;边,要枣;桥,白枣;樲,酸枣;杨彻,齐枣;遵,羊枣;洗,大枣;

煮，填枣；蹶泄，苦枣；皙，无实枣；还味，棯枣。”郭璞注曰：“今江东呼枣大而锐上者为‘壶’；壶，犹瓠也。要，细腰，今谓之‘鹿卢枣’。桥，即今枣子白熟。樲，树小实酢；《孟子》曰：‘养其樲枣。’遵，实小而员，紫黑色，俗呼‘羊矢枣’；《孟子》曰：‘曾皙嗜羊枣。’洗，今河东猗氏县出大枣，子如鸡卵。蹶泄，子味苦。皙，不著子者。还味，短味也。杨彻、煮填，未详。”

《广志》曰：“河东安邑枣；东郡谷城紫枣，长二寸；西王母枣，大如李核，三月熟；河内汲郡枣，一名墟枣；东海蒸枣；洛阳夏白枣；安平信都大枣；梁国夫人枣。大白枣，名曰‘蹙咨’，小核多肌；三星枣；骈白枣；灌枣。又有狗牙、鸡心、牛头、羊矢、猕猴、细腰之名。又有氐枣、木枣、崎廉枣、桂枣、夕枣也。”

《邺中记》：“石虎苑中有西王母枣，冬夏有叶，九月生花，十二月乃熟，三子一尺。又有羊角枣，亦三子一尺。”

《抱朴子》曰：“尧山有历枣。”

《吴氏本草》曰：“大枣，一名良枣。”

《西京杂记》曰：“弱枝枣、玉门枣、西王母枣、棠枣、青花枣、赤心枣。”

潘岳《闲居赋》有“周文弱枝之枣”。丹枣。

按：青州有乐氏枣，丰肌细核，多膏肥美，为天下第一。父老相传云：“乐毅破齐时，从燕赍来所种也。”齐郡西安、广饶二县所有名枣，即是也。今世有陵枣、幪弄枣也。

常选好味者，留栽之。候枣叶始生而移之。枣性硬，故生晚；栽早者，坚垎生迟也。三步一树，行欲相当。地不耕也。欲令牛马履践令净。枣性坚强，不宜苗稼，是以不耕；荒秽则虫生，所以须净；地坚饶实，故宜践也。

正月一日日出时，反斧斑驳椎之，名曰“嫁枣”。不椎则花而无实；斫则子萎而落也。候大蚕入簇，以杖击其枝间，振去狂花。不打，花繁，不实不成。

全赤即收。收法：日日撼胡感切而落之为上。半赤而收者，肉未充满，干则色黄而皮皱；将赤味亦不佳；全赤久不收，则皮硬，复有乌鸟之患。

晒枣法：先治地令净。有草莱，令枣臭。布椽于箔下，置枣于箔上，以机聚而复散之，一日中二十度乃佳。夜仍不聚。得霜露气，干速，成。阴雨之时，乃聚而苫盖之。五六日后，别择取红软者，上高厨而曝之。厨上者已干，虽厚一尺亦不坏。择去胮烂者。胮者永不干，留之徒令污枣。其未干者，晒曝如法。

其阜劳之地，不任耕稼者，历落种枣则任矣。枣性炒故。

凡五果及桑，正月一日鸡鸣时，把火遍照其下，则无虫灾。

《食经》曰："作干枣法：新菰蒋，露于庭，以枣着上，厚三寸，复以新蒋覆之。凡三日三夜，撤覆露之，毕日曝，取干，内屋中。率一石，以酒一升，漱着器中，密泥之。经数年不败也。"

枣油法：郑玄曰："枣油，捣枣实，和，以涂缯上，燥而形似油也。"乃成之。

枣脯法：切枣曝之，干如脯也。

《杂五行书》曰："舍南种枣九株，辟县官，宜蚕桑。服枣核中人二七枚，辟疾病。能常服枣核中人及其刺，百邪不复干矣。"

种梬枣法：阴地种之，阳中则少实。足霜，色殷，然后乃收之。早收者涩，不任食之也。《说文》云："梬枣也，似柿而小。"

作酸枣麨法：多收红软者，箔上日曝令干。大釜中煮之，水仅自淹。一沸即漉出，盆研之。生布绞取浓汁，涂盘上或盆中。盛暑日曝使干；渐以手摩挲，散为末。以方寸匕投一碗水中，酸甜味足，即成好浆。远行用和米麨，饥渴俱当也。

种桃柰第三十四

《尔雅》曰："旄，冬桃。榹桃，山桃。"郭璞注曰："旄桃，子冬熟。山桃，实如桃而不解核。"

《广志》曰："桃有冬桃，夏白桃，秋白桃，襄桃，其桃美也；有秋赤桃。"

《广雅》曰："抵子者，桃也。"

《本草经》曰："桃枭，在树不落，杀百鬼。"

《邺中记》曰："石虎苑中有句鼻桃，重二斤。"

《西京杂记》曰："榹桃，樱桃，缃核桃，霜桃，言霜下可食；金城桃，胡桃，出西域，甘美可食；绮蒂桃，含桃，紫文桃。"

桃，柰桃，欲种，法：熟时合肉全埋粪地中。直置凡地则不生，生亦不茂。桃性早实，三岁便结子，故不求栽也。至春既生，移栽实地。若仍处粪地中，则实小而味苦矣。栽法：以锹合土掘移之。桃性易种难栽，若离本土，率多死矣，故须然矣。

又法：桃熟时，于墙南阳中暖处，深宽为坑。选取好桃数十枚，擘取核，即内牛粪中，头向上；取好烂粪和土，厚覆之，令厚尺余。至春桃始动时，徐徐拨去粪土，皆应生芽，合取核种之，万不失一。其余以熟粪粪之，则益桃味。

桃性皮急，四年以上，宜以刀竖劚其皮。不劚者，皮急而死。

七八年便老，老则子细。十年则死。是以宜岁岁常种之。

又法：候其子细，便附土斫去；枿上生者，复为少桃：如此亦无穷也。

桃酢法：桃烂自零者，收取，内之于瓮中，以物盖口。七日之后，既烂，漉去皮核，密封闭之。三七日酢成，香美可食。

《术》曰："东方种桃九根，宜子孙，除凶祸。胡桃、柰桃种，亦同。"

樱桃

《尔雅》曰："楔，荆桃。"郭璞曰："今樱桃。"

《广志》曰："楔桃，大者如弹丸，子有长八分者，有白色肥者：凡三种。"

《礼记》曰："仲夏之月……天子……羞以含桃。"郑玄注曰："今谓之樱桃。"

《博物志》曰："樱桃者，或如弹丸，或如手指。春秋冬夏，花实竟岁。"

《吴氏本草》所说云："樱桃，一名朱桃，一名英桃。"

二月初，山中取栽，阳中者还种阳地，阴中者还种阴地。若阴阳易地则难生，生亦不实：此果性，生阴地，既入园囿，便是阳中，故多难得生。宜坚实之地，不可用虚粪也。

蒲萄

汉武帝使张骞至大宛，取蒲萄实，于离宫别馆旁尽种之。西域有蒲萄，蔓延、实并似蘡。

《广志》曰"蒲萄有黄、白、黑三种"者也。

蔓延，性缘不能自举，作架以承之。叶密阴厚，可以避热。十月中，去根一步许，掘作坑，收卷蒲萄悉埋之。近枝茎薄安黍穰弥佳。无穰，直安土亦得。不宜湿，湿则冰冻。二月中还出，舒而上架。性不耐寒，不埋即死。其岁久根茎粗大者，宜远根作坑，勿令茎折。其坑外处，亦掘土并穰培覆之。

摘蒲萄法：逐熟者一一零叠（一作"条"）摘取，从本至末，悉皆无遗。世人全房折杀者，十不收一。

作干蒲萄法：极熟者一一零叠摘取，刀子切去蒂，勿令汁出。蜜两分，脂一分，和，内蒲萄中，煮四五沸，漉出，阴干便成矣。非直滋味倍胜，又得夏暑不败坏也。

藏蒲萄法：极熟时，全房折取。于屋下作廕坑，坑内近地凿壁为孔，插枝于孔中，还筑孔使坚，屋子置土覆之，经冬不异也。

种李第三十五

《尔雅》曰："休，无实李。痤，接虑李。驳，赤李。"

《广志》曰："赤李。麦李，细小有沟道。有黄建李，青皮李，马肝李，赤陵李。有糕李，肥黏似糕。有柰李，离核，李似柰。有劈李，熟必劈裂。有经李，一名老李，其树数年即枯。有杏李，味小醋，似杏。有黄扁李。有夏李；冬李，十一月熟。有春季李，冬花春熟。”

《荆州土地记》曰：“房陵、南郡有名李。”

《风土记》曰：“南郡细李，四月先熟。”

西晋傅玄《赋》曰：“河、沂黄建，房陵缥青。”

《西京杂记》曰：“有朱李，黄李，紫李，绿李，青李，绮李，青房李，车下李，颜回李（出鲁），合枝李，羌李，燕李。”

今世有木李，实绝大而美。又有中植李，在麦后谷前而熟者。

李欲栽。李性坚，实晚，五岁始子，是以藉栽。栽者三岁便结子也。

李性耐久，树得三十年；老虽枝枯，子亦不细。

嫁李法：正月一日，或十五日，以砖石着李树歧中，令实繁。

又法：腊月中，以杖微打歧间，正月晦日复打之，亦足子也。

又法：以煮寒食醴酪火桥着树枝间，亦良。树多者，故多束枝，以取火焉。

李树桃树下，并欲锄去草秽，而不用耕垦。耕则肥而无实；树下犁拨亦死之。

桃、李大率方两步一根。大概连阴，则子细而味亦不佳。

《管子》曰：“五沃之土，其木宜梅李。”

《韩诗外传》云：“简王曰：‘春树桃李，夏得阴其下，秋得食其实。春种蒺藜，夏不得采其实，秋得刺焉。’”

《家政法》曰：“二月徙梅李也。”

作白李法：用夏李。色黄便摘取，于盐中挼之。盐入汁出，然后合盐晒令萎，手捻之令褊。复晒，更捻，极褊乃止。曝使干。饮酒时，以汤洗之，漉着蜜中，可下酒矣。

种梅杏第三十六杏李麨附出

《尔雅》曰："梅，柟也。""时，英梅也。"郭璞注曰："梅，似杏，实醋。""英梅，未闻。"

《广志》曰："蜀名梅为'蘇'，大如雁子。梅杏皆可以为油、脯。黄梅以熟蘇作之。"

《诗义疏》云："梅，杏类也；树及叶皆如杏而黑耳。实赤于杏而醋，亦可生噉也。煮而曝干为蘇，置羹、臛、齑中。又可含以香口。亦蜜藏而食。"

《西京杂记》曰："侯梅，朱梅，同心梅，紫蒂梅，燕脂梅，丽枝梅。"

按：梅花早而白，杏花晚而红；梅实小而酸，核有细文，杏实大而甜，核无文采。白梅任调食及齑，杏则不任此用。世人或不能辨，言梅、杏为一物，失之远矣。

《广志》曰："荥阳有白杏，邺中有赤杏，有黄杏，有柰杏。"

《西京杂记》曰："文杏，材有文彩。蓬莱杏，东海都尉于台献，一株花杂五色，云是仙人所食杏也。"

栽种与桃李同。

作白梅法：梅子酸，核初成时摘取，夜以盐汁渍之，昼则日曝。凡作十宿，十浸十曝，便成矣。调鼎和齑，所在多入也。

作乌梅法：亦以梅子核初成时摘取，笼盛，于突上熏之，令干，即成矣。乌梅入药，不任调食也。

《食经》曰："蜀中藏梅法：取梅极大者，剥皮阴干，勿令得风。经二宿，去盐汁，内蜜中。月许更易蜜。经年如新也。"

作杏李麨法：杏李熟时，多收烂者，盆中研之，生布绞取浓汁，涂盘中，日曝干，以手摩刮取之。可和水为浆，及和米麨，所在入意也。

作乌梅欲令不蠹法：浓烧穰，以汤沃之，取汁，以梅投中，使泽。

乃出蒸之。

《释名》曰："杏可为油。"

《神仙传》曰："董奉居庐山，不交人。为人治病，不取钱。重病得愈者，使种杏五株；轻病愈，为栽一株。数年之中，杏有十数万株，郁郁然成林。其杏子熟，于林中所在作仓。宣语买杏者：'不须来报，但自取之，具一器谷，便得一器杏。'有人少谷往，而取杏多，即有五虎逐之。此人怖遽，檐倾覆，所余在器中，如向所持谷多少。虎乃还去。自是以后，买杏者皆于林中自平量，恐有多出。奉悉以前所得谷，赈救贫乏。"

《寻阳记》曰："杏在北岭上，数百株，今犹称董先生杏。"

《嵩高山记》曰："东北有牛山，其山多杏。至五月，烂然黄茂。自中国丧乱，百姓饥饿，皆资此为命，人人充饱。"

史游《急就篇》曰："园菜果蓏助米粮。"

按杏一种，尚可赈贫穷，救饥馑，而况五果、蓏、菜之饶，岂直助粮而已矣？谚曰："木奴千，无凶年。"盖言果实可以市易五谷也。

杏子人，可以为粥。多收卖者，可以供纸墨之直也。

插梨第三十七

《广志》曰："洛阳北邙张公夏梨，海内唯有一树。常山真定，山阳钜野，梁国睢阳，齐国临菑，钜鹿，并出梨。上党椁梨，小而加甘。广都梨——又云钜鹿豪梨——重六斤，数人分食之。新丰箭谷梨，弘农、京兆、右扶风郡界诸谷中梨，多供御。阳城秋梨、夏梨。"

《三秦记》曰："汉武果园，一名'御宿'，有大梨如五升，落地即破。取者以布囊盛之，名曰'含消梨'。"

《荆州土地记》曰:“江陵有名梨。”

《永嘉记》曰:“青田村民家,有一梨树,名曰‘官梨’。子大一围五寸,常以供献,名曰‘御梨’。梨实落地即融释。”

《西京杂记》曰:“紫梨;芳梨,实小;青梨,实大;大谷梨;细叶梨;紫条梨;瀚海梨,出瀚海地,耐寒不枯;东王梨,出海中。”

别有朐山梨;张公大谷梨,或作“糜雀梨”也。

种者,梨熟时,全埋之。经年,至春地释,分栽之,多着熟粪及水。至冬叶落,附地刈杀之,以炭火烧头。二年即结子。若穞生及种而不栽者,则着子迟。每梨有十许子,唯二子生梨,余皆生杜。

插者弥疾。插法:用棠、杜。棠,梨大而细理;杜次之;桑,梨大恶;枣、石榴上插得者,为上梨,虽治十,收得一二也。杜如臂以上,皆任插。当先种杜,经年后插之。主客俱下亦得;然俱下者,杜死则不生也。杜树大者,插五枝;小者,或三或二。

梨叶微动为上时,将欲开莩为下时。

先作麻纫汝珍反缠十许匝;以锯截杜,令去地五六寸。不缠,恐插时皮披。留杜高者,梨枝繁茂,遇大风则披。其高留杜者,梨树早成;然宜高作蒿箪盛杜,以土筑之令没;风时,以笼盛梨,则免披耳。斜攕竹为签,刺皮木之际,令深一寸许。折取其美梨枝阳中者,阴中枝则实少。长五六寸,亦斜攕之,令过心,大小长短与签等;以刀微劙梨枝斜攕之际,剥去黑皮。勿令伤青皮,青皮伤即死。拔去竹签,即插梨,令至劙处,木边向木,皮还近皮。插讫,以绵幕杜头,封熟泥于上,以土培覆,令梨枝仅得出头。以土壅四畔。当梨上沃水,水尽以土覆之,勿令坚涸。百不失一。梨枝甚脆,培土时宜慎之,勿使掌拨,掌拨则折。

其十字破杜者,十不收一。所以然者,木裂皮开,虚燥故也。

梨既生,杜旁有叶出,辄去之。不去势分,梨长必迟。

凡插梨，园中者，用旁枝；庭前者，中心。旁枝，树下易收；中心，上耸不妨。用根蒂小枝，树形可喜，五年方结子；鸠脚老枝，三年即结子，而树丑。

《吴氏本草》曰："金创，乳妇，不可食梨。梨多食则损人，非补益之物。产妇蓐中，及疾病未愈，食梨多者，无不致病。欬逆气上者，尤宜慎之。"

凡远道取梨枝者，下根即烧三四寸，亦可行数百里犹生。

藏梨法：初霜后即收。霜多即不得经夏也。于屋下掘作深廕坑，底无令润湿。收梨置中，不须覆盖，便得经夏。摘时必令好接，勿令损伤。

凡醋梨，易水熟煮，则甜美而不损人也。

种栗第三十八

《广志》曰："栗，关中大栗，如鸡子大。"

蔡伯喈曰："有胡栗。"

《魏志》云："有东夷韩国出大栗，状如梨。"

《三秦记》曰："汉武帝果园有大栗，十五颗一升。"

王逸曰："朔滨之栗。"

《西京杂记》曰："榛栗；瑰栗；峄阳栗，峄阳都尉曹龙所献，其大如拳。"

栗，种而不栽。栽者虽生，寻死矣。

栗初熟出壳，即于屋里埋着湿土中。埋必须深，勿令冻彻。若路远者，以韦囊盛之。停二日已上，及见风日者，则不复生矣。至春二月，悉芽生，出而种之。

既生，数年不用掌近。凡新栽之树，皆不用掌近，栗性尤甚也。三年内，每到十月，常须草裹，至二月乃解。不裹则冻死。

《大戴礼·夏小正》曰："八月，栗零而后取之，故不言剥之。"

《食经》藏干栗法："取穰灰，淋取汁渍栗。出，日中晒，令栗肉焦燥，可不畏虫，得至后年春夏。"

藏生栗法："着器中；晒细沙可燥，以盆覆之。至后年二月，皆生芽而不虫者也。"

榛

《周官》注曰："榛，似栗而小。"

《说文》曰："榛，似梓，实如小栗。"

《卫诗》曰："山有蓁。"《诗义疏》云："蓁，栗属。或从木。有两种：其一种，大小枝叶皆如栗，其子形似杼子，味亦如栗，所谓'树之榛栗'者。其一种，枝茎如木蓼，叶如牛李色，生高丈余；其核中悉如李，生作胡桃味，膏烛又美，亦可食噉。渔阳、辽、代、上党皆饶。其枝茎生樵、爇烛，明而无烟。"

栽种与栗同。

柰、林檎第三十九

《广雅》曰："楂、棯、苠，柰也。"

《广志》曰："柰有白、青、赤三种。张掖有白柰，酒泉有赤柰。西方例多柰，家以为脯，数十百斛以为蓄积，如收藏枣栗。"

魏明帝时，诸王朝，夜赐冬成柰一奁。陈思王《谢》曰："柰以夏熟，今则冬生；物以非时为珍，恩以绝口为厚。"诏曰："此柰从凉州来。"

《晋宫阁簿》曰："秋有白柰。"

《西京杂记》曰："紫柰，绿柰。"

别有素柰，朱柰。

《广志》曰："里琴，似赤柰。"

柰、林檎不种，但栽之。种之虽生，而味不佳。

取栽如压桑法。此果根不浮秽，栽故难求，是以须压也。

又法：于树旁数尺许掘坑，泄其根头，则生栽矣。凡树栽者，皆然矣。

栽如桃李法。

林檎树以正月、二月中，翻斧斑驳椎之，则饶子。

作柰麨法：拾烂柰，内瓮中，盆合口，勿令蝇入。六七日许，当大烂，以酒淹，痛抨之，令如粥状。下水，更抨，以罗漉去皮、子。良久，清澄，泻去汁，更下水，复抨如初，嗅看无臭气乃止。泻去汁，置布于上，以灰饮汁，如作米粉法。汁尽，刀劚，大如梳掌，于日中曝干，研作末，便成。甜酸得所，芳香非常也。

作林檎麨法：林檎赤熟时，擘破，去子、心、蒂，日晒令干。或磨或捣，下细绢筛；粗者更磨捣，以细尽为限。以方寸匕投于椀水中，即成美浆。不去蒂则大苦，合子则不度夏，留心则大酸。若干噉者，以林檎麨一升，和米麨二升，味正调适。

作柰脯法：柰熟时，中破，曝干，即成矣。

种柿第四十

《说文》曰："柿，赤实果也。"

《广志》曰："小者如小杏。"又曰："梬枣，味如柿。晋阳梬，肌细而厚，以供御。"

王逸曰："苑中朱柿。"

李尤曰："鸿柿若瓜。"

张衡曰："山柿。"

左思曰："胡畔之柿。"

潘岳曰："梁侯乌椑之柿。"

柿，有小者，栽之；无者，取枝于楩枣根上插之，如插梨法。

柿有树干者，亦有火焙令干者。

《食经》藏柿法："柿熟时取之，以灰汁澡再三度。干令汁绝，着器中，经十日可食。"

安石榴第四十一

陆机曰："张骞为汉使外国十八年，得涂林。涂林，安石榴也。"

《广志》曰："安石榴有甜酸二种。"

《邺中记》云："石虎苑中有安石榴，子大如盂碗，其味不酸。"

《抱朴子》曰："积石山有苦榴。"

周景式《庐山记》曰："香炉峰头有大磐石，可坐数百人，垂生山石榴。三月中作花，色如石榴而小淡，红敷紫萼，烨烨可爱。"

《京口记》曰："龙刚县有石榴。"

《西京杂记》曰有"安石榴"也。

栽石榴法：三月初，取枝大如手大指者，斩令长一尺半，八九枝共为一窠，烧下头二寸。不烧则漏汁矣。掘圆坑，深一尺七寸，口径尺。竖枝于坑畔，环圆布枝，令匀调也。置枯骨、礓石于枝间，骨、石，此是树性所宜。下土筑之。一重土，一重骨石，平坎止。其土令没枝头一寸许也。水浇常令润泽。既生，又以骨石布其根下，则科圆滋茂可爱。若孤根独立者，虽生亦不佳焉。

十月中，以蒲、藁裹而缠之。不裹则冻死也。二月初乃解放。

若不能得多枝者，取一长条，烧头，圆屈如牛拘而横埋之，亦得。然不及上法根强早成。其拘中亦安骨石。

其斸根栽者，亦圆布之，安骨石于其中也。

种木瓜第四十二

《尔雅》曰："楙，木瓜。"郭璞注曰："实如小瓜，酢，可食。"

《广志》曰："木瓜，子可藏；枝可为数号，一尺百二十节。"

《卫诗》曰："投我以木瓜。"毛公曰："楙也。"《诗义疏》曰："楙，叶似柰叶，实如小瓤瓜，上黄，似着粉，香。欲啖者，截着热灰中，令萎蔫，净洗，以苦酒、豉汁、蜜度之，可案酒食。蜜封藏百日，乃食之，甚益人。"

木瓜，种子及栽皆得，压枝亦生。栽种与桃李同。

《食经》藏木瓜法："先切去皮，煮令熟，着水中，车轮切，百瓜用三升盐，蜜一斗渍之。昼曝，夜内汁中，取令干。以余汁密藏之。亦用浓杬汁也。"

种椒第四十三

《尔雅》曰："檓，大椒。"

《广志》曰："胡椒出西域。"

《范子计然》曰："蜀椒出武都，秦椒出天水。"

按：今青州有蜀椒种，本商人居椒为业，见椒中黑实，乃遂生意种之。凡种数千枚，止有一根生。数岁之后，便结子，实芬芳，香、形、色与蜀椒不殊，气势微弱耳。遂分布栽移，略遍州境也。

熟时收取黑子。俗名"椒目"。不用人手数近捉之，则不生也。四月初，畦种之。治畦下水，如种葵法。方三寸一子，筛土覆之，令厚寸许；复筛熟粪，以盖土上。旱辄浇之，常令润泽。

生高数寸，夏连雨时，可移之。移法：先作小坑，圆深三寸；以刀子圆剛椒栽，合土移之于坑中，万不失一。若拔而移者，率多死。

若移大栽者，二月、三月中移之。先作熟蘘泥，掘出即封根，合泥埋之。行百余里，犹得生之。

此物性不耐寒，阳中之树，冬须草裹。不裹即死。其生小阴中者，少禀寒气，则不用裹。所谓“习以性成”。一木之性，寒暑异容；若朱、蓝之染，能不易质？故“观邻识士，见友知人”也。

候实口开，便速收之。天晴时摘下，薄布曝之，令一日即干，色赤椒好。若阴时收者，色黑失味。

其叶及青摘取，可以为菹；干而末之，亦足充事。

《养生要论》曰：“腊夜令持椒卧房床旁，无与人言。内井中，除温病。”

种茱萸第四十四

食茱萸也；山茱萸则不任食。

二月、三月栽之。宜故城、堤、冢高燥之处。凡于城上种莳者，先宜随长短掘堑，停之经年，然后于堑中种莳，保泽沃壤，与平地无差。不尔者，土坚泽流，长物至迟，历年倍多，树木尚小。

候实开，便收之，挂着屋里壁上，令廕干，勿使烟熏。烟熏则苦而不香也。

用时，去中黑子。肉酱、鱼鲊，偏宜所用。

《术》曰：“井上宜种茱萸；茱萸叶落井中，饮此水者，无温病。”

《杂五行书》曰：“舍东种白杨、茱萸三根，增年益寿，除患害也。”

又《术》曰：“悬茱萸子于屋内，鬼畏不入也。”

齐民要术卷第五

种桑、柘第四十五养蚕附

《尔雅》曰："桑，辨有葚，栀。"注云："辨，半也。""女桑，桋桑。"注曰："今俗呼桑树小而条长者为女桑树也。""檿桑，山桑。"注云："似桑。材中为弓及车辕。"

《搜神记》曰："太古时，有人远征。家有一女，并马一匹。女思父，乃戏马云：'能为我迎父，吾将嫁于汝。'马绝韁而去，至父所。父疑家中有故，乘之而还。马后见女，辄怒而奋击。父怪之，密问女。女具以告父。父射马，杀，晒皮于庭。女至皮所，以足蹴之曰：'尔马，而欲人为妇，自取屠剥，如何？'言未竟，皮蹶然起，卷女而行。后于大树枝间，得女及皮，尽化为蚕，绩于树上。世谓蚕为'女儿'，古之遗言也。因名其树为'桑'，桑言丧也。"

今世有荆桑、地桑之名。

桑椹熟时，收黑鲁椹，黄鲁桑，不耐久。谚曰："鲁桑百，丰绵帛。"言其桑好，功省用多。即日以水淘取子，晒燥，仍畦种。治畦下水，一如葵法。常薅令净。

明年正月，移而栽之。仲春、季春亦得。率五尺一根。未用耕故。凡栽桑不得者，无他故，正为犁拨耳。是以须概，不用稀；稀通耕犁者，必难慎，率多死矣；且概则长疾。大都种椹长迟，不如压枝之速。无栽者，乃种椹也。其下常斸掘种菉豆、小豆。二豆良美，润泽益桑。栽后二年，慎勿采、沐。小采者，长倍迟。

大如臂许，正月中移之，亦不须髡。率十步一树。阴相接者，则妨禾豆。行欲小掎角，不用正相当。相当者则妨犁。

须取栽者，正月、二月中，以钩弋压下枝，令着地；条叶生高数寸，仍以燥土壅之。土湿则烂。明年正月中，截取而种之。住宅上及园畔者，固宜即定；其田中种者，亦如种椹法，先概种二三年，然后更移之。

凡耕桑田，不用近树。伤桑、破犁，所谓两失。其犁不着处，斸地令起，斫去浮根，以蚕矢粪之。去浮根，不妨耧犁，令树肥茂也。

又法：岁常绕树一步散芜菁子。收获之后，放猪啖之，其地柔软，有胜耕者。

种禾豆，欲得逼树。不失地利，田又调熟。绕树散芜菁者，不劳逼也。

剶桑，十二月为上时，正月次之，二月为下。白汁出则损叶。大率桑多者宜苦斫，桑少者宜省剶。秋斫欲苦，而避日中；触热树焦枯，苦斫春条茂。冬春省剝,竟日得作。

春采者,必须长梯高机,数人一树,还条复枝,务令净尽;要欲旦、暮,而避热时。梯不长,高枝折;人不多,上下劳;条不还,枝仍曲;采不净,鸠脚多;旦暮采,令润泽;不避热,条叶干。秋采欲省,裁去妨者。秋多采则损条。

椹熟时,多收,曝干之,凶年粟少,可以当食。《魏略》曰:"杨沛为新郑长。兴平末,人多饥穷,沛课民益畜干椹,收䝁豆,阅其有余,以补不足,积聚得千余斛。会太祖西迎天子,所将千人,皆无粮。沛谒见,乃进干椹。太祖甚喜。及太祖辅政,超为邺令,赐其生口十人,绢百匹,既欲厉之,且以报干椹也。"今自河以北,大家收百石,少者尚数十斛。故杜葛乱后,饥馑荐臻,唯仰以全躯命;数州之内,民死而生者,干椹之力也。

种柘法:耕地令熟,耧耩作垅。柘子熟时,多收,以水淘汰令净,曝干。散讫,劳之。草生拔却,勿令荒没。

三年,间劚去,堪为浑心扶老杖。一根三文。十年,中四破为杖,一根直二十文。任为马鞭、胡床。马鞭一枚直十文,胡床一具直百文。十五年,任为弓材,一张三百。亦堪作履。一两六十。裁截碎木,中作锥、刀靶。音霸。一个直三文。二十年,好作犊车材。一乘直万钱。

欲作鞍桥者,生枝长三尺许,以绳系旁枝,木橛钉着地中,令曲如桥。十年之后,便是浑成柘桥。一具直绢一匹。

欲作快弓材者,宜于山石之间北阴中种之。

其高原山田,土厚水深之处,多掘深坑,于坑中种桑柘者,随坑深浅,或一丈、丈五,直上出坑,乃扶疏四散。此树条直,异于常材。十年之后,无所不任。一树直绢十匹。

柘叶饲蚕,丝好。作琴瑟等弦,清鸣响彻,胜于凡丝远矣。

《礼记·月令》曰:"季春……无伐桑柘。郑玄注曰:"爱养蚕食也。"……具曲、植、筥、筐。注曰:"皆养蚕之器。曲,箔也。植,槌也。"后妃斋戒,亲帅躬桑……以劝蚕事……无为散惰。”

《周礼》曰："马质……禁原蚕者。"注曰："质，平也，主买马平其大小之价直者。""原，再也。天文，辰为马；蚕书，蚕为龙精，月直'大火'则浴其蚕种：是蚕与马同气。物莫能两大，故禁再蚕者，为伤马与？"

《孟子》曰："五亩之宅，树之以桑，五十者可以衣帛矣。"

《尚书大传》曰："天子、诸侯，必有公桑、蚕室，就川而为之。大昕之朝，夫人浴种于川。"

《春秋考异邮》曰："蚕，阳物，大恶水，故蚕食而不饮。阳立于三春，故蚕三变而后消；死于七，三七二十一，故二十一日而茧。"

《淮南子》曰："原蚕一岁再登，非不利也；然王者法禁之，为其残桑也。"

《氾胜之书》曰："种桑法：五月取椹着水中，即以手溃之，以水灌洗，取子，阴干。治肥田十亩，荒田久不耕者尤善，好耕治之。每亩以黍、椹子各三升合种之。黍、桑当俱生，锄之，桑令稀疏调适。黍熟，获之。桑生正与黍高平，因以利镰摩地刈之，曝令燥；后有风调，放火烧之，常逆风起火。桑至春生。一亩食三箔蚕。"

俞益期笺曰："日南蚕八熟，茧软而薄。椹采少多。"

《永嘉记》曰："永嘉有八辈蚕：蚖珍蚕，三月绩。柘蚕，四月初绩。蚖蚕，四月初绩。爱珍，五月绩。爱蚕，六月末绩。寒珍，七月末绩。四出蚕，九月初绩。寒蚕。十月绩。凡蚕再熟者，前辈皆谓之'珍'。养珍者，少养之。

"爱蚕者，故蚖蚕种也。蚖珍三月既绩，出蛾取卵，七八日便剖卵蚕生，多养之，是为蚖蚕。欲作'爱'者，取蚖珍之卵，藏内罂中，随器大小，亦可十纸，盖覆器口，安硎苦耕反泉、冷水中，使冷气折其出势。得三七日，然后剖生，养之，谓为'爱珍'，亦呼'爱子'。绩成茧，出蛾生卵，卵七日，又剖成蚕，多养之，此则‘爱蚕’也。

“藏卵时，勿令见人。应用二七赤豆，安器底，腊月桑柴二七枚，以麻卵纸，当令水高下，与重卵相齐。若外水高，则卵死不复出；若外水下，卵则冷气少，不能折其出势。不能折其出势，则不得三七日；不得三七日，虽出不成也。不成者，谓徒绩成茧，出蛾，生卵，七日不复剖生，至明年方生耳。欲得荫树下。亦有泥器口，三七日亦有成者。”

《杂五行书》曰：“二月上壬，取土泥屋四角，宜蚕，吉。”

按：今世有三卧一生蚕，四卧再生蚕。白头蚕，颉石蚕，楚蚕，黑蚕，儿蚕，有一生再生之异，灰儿蚕，秋母蚕，秋中蚕，老秋儿蚕，秋末老獬儿蚕，绵儿蚕，同功蚕，或二蚕三蚕，共为一茧。凡三卧四卧，皆有丝、绵之别。

凡蚕从小与鲁桑者，乃至大入簇，得饲荆、鲁二桑；若小食荆桑，中与鲁桑，则有裂腹之患也。

杨泉《物理论》曰：“使人主之养民，如蚕母之养蚕，其用岂徒丝茧而已哉？”

《五行书》曰：“欲知蚕善恶，常以三月三日，天阴如无日，不见雨，蚕大善。”

“又法：埋马牙齿于槌下，令宜蚕。”

《龙鱼河图》曰：“埋蚕沙于宅亥地，大富，得蚕丝，吉利。以一斛二斗甲子日镇宅，大吉，致财千万。”

养蚕法：收取种茧，必取居簇中者。近上则丝薄，近地则子不生也。泥屋用“福”、“德”、“利”上土。屋欲四面开窗，纸糊，厚为篱。屋内四角着火。火若在一处，则冷热不均。初生，以毛扫。用荻扫则伤蚕。调火令冷热得所。热则焦燥，冷则长迟。比至再眠，常须三箔：中箔上安蚕，上下空置。下箔障土气，上箔防尘埃。小时采"福"、"德"上桑，着怀中令暖，然后切之。蚕小，不用见露气；得人体，则众恶除。每饲蚕，卷窗帏，饲讫还下。蚕见明则食，食多则生长。

老时值雨者，则坏茧，宜于屋里簇之：薄布薪于箔上，散蚕讫，又薄以薪覆之。一槌得安十箔。

又法：以大科蓬蒿为薪，散蚕令遍，悬之于栋梁、椽柱，或垂绳钩弋、鹗爪、龙牙，上下数重，所在皆得。悬讫，薪下微生炭以暖之。得暖则作速，伤寒则作迟。数入候看，热则去火。蓬蒿疏凉，无郁浥之忧；死蚕旋坠，无污茧之患；沙、叶不作，无瘢痕之疵。郁浥则难缲，茧污则丝散，瘢痕则绪断。设令无雨，蓬蒿簇亦良；其在外簇者，脱遇天寒，则全不作茧。

用盐杀茧，易缲而丝韧；日曝死者，虽白而薄脆，缣练衣着，几将倍矣，甚者，虚失岁功：坚、脆悬绝，资生要理，安可不知之哉？

崔寔曰："三月，清明节，令蚕妾治蚕室，涂隙穴，具槌、持、箔、笼。"

《龙鱼河图》曰："冬以腊月鼠断尾。正月旦，日未出时，家长斩鼠，着屋中，祝云：'付勅屋吏，制断鼠虫；三时言功，鼠不敢行。'"

《杂五行书》曰："取亭部地中土涂灶，水、火、盗贼不经；涂屋四角，鼠不食蚕；涂仓、箪，鼠不食稻；以塞坎，百日鼠种绝。"

《淮南万毕术》曰："狐目狸脑，鼠去其穴。"注曰："取狐两目，狸脑大如狐目三枚，捣之三千杵，涂鼠穴，则鼠去矣。"

种榆、白杨第四十六

《尔雅》曰："榆，白枌。"注曰："枌榆，先生叶，却着荚；皮色白。"

《广志》曰："有姑榆，有朗榆。"

按：今世有刺榆，木甚牢韧，可以为犊车材。梜榆，可以为车毂及器物。山榆，人可以为芜荑。凡种榆者，宜种刺、梜两种，利益为多；其余软弱，例非佳木也。

榆性扇地，其阴下五谷不植。随其高下广狭，东西北三方所扇，各与树等。种者，宜于园地北畔，秋耕令熟，至春榆荚落时，收取，漫散，犁细畤，劳之。

明年正月初，附地芟杀，以草覆上，放火烧之。一根上必十数条俱生，只留一根强者，余悉掐去之。一岁之中，长八九尺矣。不烧则长迟也。

后年正月、二月，移栽之。初生即移者，喜曲，故须丛林长之三年，乃移种。初生三年，不用采叶，尤忌捋心；捋心则科茹不长，更须依法烧之，则依前茂矣。不用剶沐。剥者长而细，又多瘢痕；不剶虽短，粗而无病。谚曰："不剶不沐，十年成毂。"言易粗也。必欲剶者，宜留二寸。

于堑坑中种者，以陈屋草布堑中，散榆荚于草上，以土覆之。烧亦如法。陈草速朽，肥良胜粪。无陈草者，用粪粪之亦佳。不粪，虽生而瘦。既栽移者，烧亦如法也。

又种榆法：其于地畔种者，致雀损谷；既非丛林，率多曲戾。不如割地一方种之。其白土薄地不宜五谷者，唯宜榆及白榆。

地须近市。卖柴、荚、叶，省功也。梜榆、刺榆、凡榆：三种色，别种之，勿令和杂。梜榆，荚叶味苦；凡榆，荚味甘。甘者春时将煮卖，是以须别也。耕地收荚，一如前法。先耕地作垅，然后散榆荚。垅者看好，料理又易。五寸一荚，稀穊得中。散讫，劳之。榆生，共草俱长，未须料理。

明年正月，附地芟杀，放火烧之。亦任生长，勿使棠杜康反近。又至明年正月，斸去恶者；其一株上有七八根生者，悉皆斫去，唯留一根粗直好者。

三年春，可将荚、叶卖之。五年之后，便堪作椽。不梜者，即可斫卖。一根十文。梜者镟作独乐及盏。一个三文。十年之后，魁、椀、瓶、榼、器皿，无所不任。一椀七文，一魁二十，瓶、榼各直一百文也。十五年后，中为车毂及蒲桃缸。缸一口，直三百。车毂一具，直绢三匹。

其岁岁料简剥治之功，指柴雇人——十束雇一人——无业之人，争来就作。卖柴之利，已自无赀；岁出万束，一束三文，则三十贯；荚叶在外也。况诸器物，其利十倍。于柴十倍，岁收三十万。斫后复生，不劳更种，所谓一劳永逸。能种一顷，岁收千匹。唯须一人守护，指挥，处分，既无牛、犁、种子、人功之费，不虑水、旱、风、虫之灾，比之谷田，劳逸万倍。

男女初生，各与小树二十株，比至嫁娶，悉任车毂。一树三具，一具直绢三匹，成绢一百八十匹：娉财资遣，粗得充事。

《术》曰："北方种榆九根，宜蚕桑，田谷好。"

崔寔曰："二月，榆荚成，及青收，干，以为旨蓄。"旨，美也；蓄，积也。司部收青荚，小蒸，曝之，至冬以酿酒，滑香，宜养老。《诗》云：'我有旨蓄，亦以御冬'也。"色变白，将落，可作鍪鍮。随节早晏，勿失其适。"鍪，音牟；鍮，音头，榆酱。""

白杨，一名"高飞"，一名"独摇"。性甚劲直，堪为屋材；折则折矣，终不曲挠。奴孝切。榆性软，久无不曲，比之白杨，不如远矣。且天性多曲，条直者少；长又迟缓，积年方得。凡屋材，松柏为上，白杨次之，榆为下也。

种白杨法：秋耕令熟。至正月、二月中，以犁作垅，一垅之中，以犁逆顺各一到，𤰝中宽狭，正似葱垅。作讫，又以锹掘底一坑作小堑。斫取白杨枝，大如指、长三尺者，屈著垅中，以土压上，令两头出土，向上直竖。二尺一株。明年正月中，剥去恶枝。一亩三垅，一垅七百二十株，一株两根，一亩四千三百二十株。

三年，中为蚕樀都格反。五年，任为屋椽。十年，堪为栋梁。以蚕樀为率，一根五钱，一亩岁收二万一千六百文。柴及栋梁、椽柱在外。

岁种三十亩，三年九十亩。一年卖三十亩，得钱六十四万八千文。周而复始，永世无穷。比之农夫，劳逸万倍。去山远者，实宜多种。千根以上，所求必备。

种棠第四十七

《尔雅》曰："杜，甘棠也。"郭璞注曰："今之杜梨。"

《诗》曰："蔽芾甘棠。"毛云："甘棠，杜也。"《诗义疏》云："今棠梨，一名杜梨，如梨而小，甜酢可食也。"

《唐诗》曰："有杕之杜。"毛云："杜，赤棠也。""与白棠同，但有赤、白、美、恶。子白色者为白棠，甘棠也，酢滑而美。赤棠，子涩而酢，无味，俗语云：'涩如杜。'赤棠，木理赤，可作弓干。"

按：今棠叶有中染绛者，有惟中染土紫者；杜则全不用。其实三种别异，《尔雅》、毛、郭以为同，未详也。

棠熟时，收种之。否则，春月移栽。

八月初，天晴时，摘叶薄布，晒令干，可以染绛。必候天晴时，少摘叶，干之；复更摘。慎勿顿收：若遇阴雨则浥，浥不堪染绛也。

成树之后，岁收绢一匹。亦可多种，利乃胜桑也。

种榖楮第四十八

《说文》曰："榖者，楮也。"

按：今世人乃有名之曰"角楮"，非也。盖"角"、"榖"声相近，因讹耳。其皮可以为纸者也。

楮宜涧谷间种之。地欲极良。秋上楮子熟时，多收，净淘，曝令

图书在版编目（CIP）数据

贾思勰志/刘德成，刘克强主编．—济南：山东人民出版社，2009.4（2011．4重印）
（齐鲁诸子名家志/王兆成，刘秋增总主编）
ISBN 978-7-209-04770-8

Ⅰ．贾… Ⅱ．①刘…②刘… Ⅲ．贾思勰－人物研究 Ⅳ．K826.3

中国版本图书馆CIP数据核字（2009）第041000号

责任编辑：王海玲
装帧设计：蔡立国　武　斌
制　　作：侯地霞

贾思勰志
刘德成　刘克强　主编

山东出版集团
山东人民出版社出版发行
社　址：济南市经九路胜利大街39号　邮　编：250001
网　址：http://www.sd-book.com.cn
发行部：（0531）82098027 82098028
新华书店经销
山东临沂新华印刷物流集团有限责任公司印装

规　格　16开（184mm×260mm）
印　张　26
字　数　290千字　插页　10
版　次　2009年4月第1版
印　次　2011年4月第2次
ISBN 978-7-209-04770-8
定　价　120.00元

如有印装质量问题，请与印刷单位联系调换。　电话：（0539）2925659